AF743304

www.ingramcontent.com/pod-product-compliance
Lightning Source LLC
LaVergne TN
LVHW050900051026
849532LV00006BA/2319
* 9 7 8 8 1 9 4 2 9 5 7 3 0 *

گل بوٹے سلور جوبلی سیریز

بچّوں کے ڈرامے

مرتّب

انتخاب احمد

محرّک

فاروق سیّد، مدیر گل بوٹے

بچوں کے ڈرامے

مرتب : انتخاب احمد

محرک : فاروق سیّد

ناشر : گل بوٹے پبلی کیشنز، ممبئی

بسلسلۂ گل بوٹے سِلوَر جوبلی جشن - ستمبر 2019ء

کمپوزنگ : یسریٰ گرافکس، پونہ

سرورق : ریحان کوثر، کامٹی

ملنے کے لیے رابطہ : 09867169383 (کوثر احمد)
09892461465 (محمد شریف)

ISBN: 978-81-942957-3-0

Bachchon Ke Draame

Compiler: Intekhab Ahmed

Motivator: Farooque Sayyed

Publisher: Gul Bootey Publications, Mumbai

Commemorating Gul Bootey Silver Jubilee Celebration - Sept. 2019

انتساب

آل انڈیا میمن جماعت فیڈریشن

ALL INDIA MEMON JAMAT FEDERATION

Iqbal Memon Officer

President

عرضِ ناشر

پیارے بچو!

السلام علیکم ورحمۃ اللہ!

آج کا دن اور یہ خوب صورت موقع ہمارے لیے کسی انمول تحفے سے کم نہیں۔ آج ہمارا پسندیدہ رسالہ ماہنامہ ’گل بوٹے‘ ممبئی اپنی تاسیس کے پچیس سال مکمل کر رہا ہے۔ اس پرمسرّت موقع پر ہم اللہ ربّ العزت کی بارگاہ میں نذرانۂ تشکر پیش کرتے ہیں جس نے ہمیں یہ مبارک دن دِکھایا۔ ’گل بوٹے‘ کی اشاعت کے پچیس برس مکمل ہونے پر ہم اپنے ان تمام ننھے ساتھیوں کو دلی مبارکباد پیش کرتے ہیں جو اپنے پسندیدہ رسالے سے ابتدا ہی سے جڑے رہے۔ جنھوں نے گل بوٹے کو اپنا رسالہ سمجھا، اس کا ہر مہینے بڑی شدت سے انتظار کیا، اسے پابندی سے خریدا، اس کے خوب صورت مشمولات کو پسند کیا، اس کی قیمتی باتوں کو ذہن نشین کرکے ان پر عمل کیا۔ ان تمام ساتھیوں کو بھی مبارکباد جو گل بوٹے کی ترویج وترقی اور اسے گھر گھر پہنچانے میں ہمیشہ کوشاں رہے، اس کی ترتیب و اشاعت میں اپنے قیمتی مشوروں سے نوازا، مشکل ترین حالات میں اپنی توجہ اور تعاون سے گل بوٹے کے کم سواد مدیر کی ڈھارس بندھائی، گل بوٹے ٹیم کی کوششوں کو سراہتے ہوئے ان کی حوصلہ افزائی کی، گل بوٹے کے ساتھ سفر کرتے ہوئے اپنے بچپن کو لڑکپن اور لڑکپن کو نوجوانی میں تبدیل کیا۔ آج کا دن ان تمام ننھے فرشتوں اور نوجوان دوستوں کے لیے نویدِ جانفزا لے کر آیا ہے اور آج یہی تمام ساتھی مبارکباد کے مستحق ہیں۔ آپ تمام کو کامیابی و کامرانی کے یہ پُرمسرّت لمحات بہت بہت مبارک ہوں!

عزیز ساتھیو! ہمارے ملک میں بچوں کے رسائل کی تاریخ درخشاں رہی ہے۔ ایک زمانہ تھا جب ملک کے مختلف شہروں سے بڑی تعداد میں بچوں کے رسائل نکلتے تھے۔ آج بھی قدرے کم تعداد میں سہی لیکن بچوں کے رسائل برابر نکل رہے ہیں۔ ممبئی جیسے اُردو آبادی والے بڑے شہر سے ایک عرصے سے بچوں کے ایک معیاری رسالے کی ضرورت محسوس کی جاتی تھی۔ اللہ کا شکر ہے کہ اس نے ہمیں توفیق بخشی اور ہم نے اللہ کا نام لے کر تن تنہا اس راہ پر قدم بڑھایا اور دیکھتے ہی دیکھتے گل بوٹے کے تئیں ہمارے جنون نے پچیس بہاریں مکمل کرلیں۔ اگرچہ زمانے کی نظر میں پچیس برس کوئی بڑی مدت نہیں ہوتی لیکن کسی رسالے کے لیے اور وہ بھی اُردو زبان میں بچوں کے رسالے کے لیے یہ ایک بہت بڑی مدت ہے۔ یہ ایک ایسی مدت ہے جسے کسی جنون یا دیوانگی کے سہارے ہی پورا کیا جاسکتا ہے۔ ان پچیس برسوں میں گل بوٹے نے ترقی کے کئی رنگ دیکھے۔ پہلے پہل اسے سادے کاغذ پر یک رنگی شائع کیا گیا۔ پھر پرنٹ میڈیا میں آئے انقلابات پر لبیک کہتے ہوئے آرٹ پیپر اور مکمل رنگینی کو اپنایا۔ اِس دوران گل بوٹے زمانے کے شانہ بہ شانہ چلتا رہا لیکن اس نے تعلیمی، اخلاقی اور تہذیبی رہنمائی کے اپنے مشن سے صرفِ نظر نہیں کیا بلکہ فکری طور پر پوری قوت سے اپنے مشن پر ہمیشہ گامزن رہا۔

ہمیں اس حقیقت کا اظہار کرتے ہوئے بڑی مسرت ہورہی ہے کہ جیسے ہی ہم اپنی تاسیس کے پچیسویں سال کی طرف بڑھ رہے تھے، ہم گل بوٹے کی سلور جوبلی کچھ منفرد انداز میں منانے کا سوچ رہے تھے اور جلد ہی ہم نے یہ عزم کیا کہ گل بوٹے کی پچیسویں سالگرہ پر ہم بچوں کے ادب کو نادر موضوعات پر پچیس کتابوں کا تحفہ دیں گے۔ الحمد للہ! ثم الحمد للہ! ہمیں خوشی ہورہی ہے کہ اللہ تعالیٰ نے ہمارے اِس عزم کی لاج رکھ لی اور ہم آج مختلف موضوعات پر پچیس کتابیں شائع کرنے میں کامیاب ہوئے ہیں۔ بچوں کے ادیبوں کی ڈائرکٹری الگ۔

بچوں کے ادب پر یہ پچیس کتابیں گل بوٹے کے ادارۂ تحریر کے رفقا یعنی 'ٹیم گل بوٹے'

کی محنتوں کا ثمرہ ہے۔ ان کتابوں میں ٹیم گل بوٹے نے ان تمام موضوعات کو سمیٹنے کی کامیاب کوشش کی ہے جو اُردو میں بچوں کے ادب کے زرّیں عہد کے گواہ ہیں۔ یہ وہ موضوعات ہیں جو اَب نایاب نہیں تو کمیاب ضرور ہیں البتہ یہ بھی حقیقت ہے کہ آج کسی ایک جگہ دستیاب نہیں۔ٹیم گل بوٹے نے موضوعات کے انتخاب سے لے کر کتاب کی ترتیب و تدوین تک جس محنتِ شاقہ کا ثبوت فراہم کیا ہے اس کے لیے میں بحیثیت مدیر اور ناشر تمام مرتبین کا شکر گزار ہوں۔ ناسپاسی ہوگی اگر اس موقع پر اپنے عزیز دوست اور بال بھارتی پونہ کے اُردو افسر خان نوید الحق انعام الحق صاحب کا شکریہ ادا نہ کروں جن کی کرشماتی شخصیت نے کتابوں کی ترتیب سے لے کر سلور جوبلی تقریبات کے انعقاد تک ہر مشکل مرحلے میں میرے کندھے سے کندھا ملا کر کام کیا۔ ہر مرحلے پر ثابت قدمی دِکھاتے ہوئے کام کی پہل کی، اپنے وسیع تجربات کی روشنی میں کٹھن مراحل کو آسان بنا دیا اور اپنے آپ کو دامے درمے سخنے کلی طور پر اس کام کے لیے وقف کر دیا۔ ان احسانات کو صرف محسوس کیا جاسکتا ہے۔

زیرِ مطالعہ کتاب 'بچوں کے ڈرامے' جناب انتخاب احمد نے مرتب کی ہے۔ آپ نے حتی الامکان اسے خوب سے خوب تر بنانے کی کوشش کی ہے اس لیے ادارہ گل بوٹے جناب انتخاب احمد کا دِل کی گہرائیوں سے شکریہ ادا کرتا ہے۔

آپ کے اپنے ماہنامے 'گل بوٹے' کے جشنِ سیمیں کے موقع پر ہم ان تمام قلمکاروں، مراسلہ نگاروں اور قارئین کا شکریہ ادا کرتے ہیں جنھوں نے گزشتہ ربع صدی کے دوران ہر مرحلے پر ہمارا تعاون کر کے حوصلہ بڑھایا ہے۔ہمیں اُمید ہے کہ بچوں کے ادب پر یہ پچیس کتابیں آج کے حالات میں ادبِ اطفال کی راہ متعین کرنے میں مشعلِ راہ ثابت ہوں گی۔ آپ کی گرانقدر آرا کا ہمیں انتظار رہے گا۔

والسلام

فاروق سیّد

عرضِ مرتب

زیرِ نظر کتاب میں محبانِ اُردو، ڈراما کے فن سے دلچسپی رکھنے والے افراد اور قارئین کی پسندیدگی کی بنیاد پر بچوں کو سامنے رکھ کر پیش کردہ وتحریر کردہ ڈرامے شامل کیے گئے ہیں۔ راقم کے والد محترم عالیجناب منظور عالم صاحب نے تقریباً ۲۵ رسال تک اُردو ڈراموں اور اسٹیج کی خدمات انجام دی ہیں لہٰذا یہی بات ڈراموں میں میری دلچسپی کا باعث بنی اور سرزمین ہند کے بے شمار نامور ڈراما نویسوں سے تعلقات پیدا ہوئے۔ اس سبب اچھے برے ڈراموں کی سمجھ پیدا ہوئی۔ راقم خود بھی گزشتہ پچیس برسوں سے بچوں اور بڑوں کے ڈراموں سے وابستہ ہے۔ میرے شفیق محترم جناب خان نوید الحق انعام الحق (اُردو آفیسر، بال بھارتی) اور غازیٔ اطفالِ ادب جناب فاروق سیّد صاحب کی حوصلہ افزائی اور ایما پر اس کتاب کی ترتیب کا ذمہ لیا ورنہ میری کیا بساط!

کتاب میں درج اِن ڈراموں کی سب سے بڑی خوبی یہ ہے کہ یہ تمام ڈرامے اسٹیج کیے جا چکے ہیں اور ڈراموں کا اسٹیج ہونا ہی کسی زندہ ڈرامے کا ثبوت مانا جاتا ہے۔ دعویٰ تو نہیں کرتا کہ میرا یہ کام کوئی بہت بڑا کارنامہ ہے لیکن Coma میں مبتلا اُردو اسٹیج کے لیے یہ کاوش چڑیا کے چونچ کے پانی کے مصداق بھی قابل قبول ہو تو مرتب کے لیے یہ بات باعث صد افتخار ہوگی۔

انتخاب احمد

77، سہارا نگر نمبر 1،
ہوٹگی روڈ، ماجرے واڑی، سولاپور 224 413
M.: 9146581048
intekhab757@gmail.com

فہرست

ادلے کا بدلہ

راجا مہدی علی خاں

کردار : (۱) عورت (۲) لکڑ ہارا
(۳) مسافر نمبر ا (۴) مسافر نمبر ۲

(آندھی اور بارش کی تیز گرج۔ کان پڑی آواز سنائی نہیں دیتی)

عورت : نکل جاؤ فوراً میری جھونپڑی سے۔ نکل جاؤ۔

مسافر : (لجاجت سے) بی بی مجھ پر رحم کھاؤ۔

عورت : کوئی رحم وحم نہیں۔ میری جھونپڑی سے نکل جاؤ۔ میں نے پہلے ہی کہا تھا کہ تمھیں کوئی ایسی کہانی سنانی ہوگی جو کبھی ختم نہ ہو اور تمھاری کہانی تو دو گھنٹے میں ختم ہوگئی۔

مسافر : اس آندھی اور بارش کے طوفان میں کہاں جاؤں؟

عورت : جہاں سینگ سمائیں چلے جاؤ۔

مسافر : باہر غضب کی سردی ہے۔ میں مر جاؤں گا۔

لکڑ ہارا : دیکھ میری بے رحم بیوی، اس غریب مسافر پر رحم کر۔ باہر اولے برس رہے ہیں۔ غریب سردی میں مر جائے گا۔

عورت : مر جائے گا تو میں کیا کروں۔ مرنے دو اسے۔ اس نے میری شرط پوری نہیں کی۔ قصور میرا ہے یا اس کا؟

مسافر : بی بی ہر کہانی آخر ختم ہو جاتی ہے۔ دنیا میں کوئی ایسی کہانی نہیں جو ختم نہ ہو۔

عورت : مجھے لمبی کہانیاں سننے کا شوق ہے۔ میں ایک ایسی کہانی سننا چاہتی ہوں جو کبھی

ختم نہ ہو۔

لکڑہارا : یہ غریب دو گھنٹے تک تمھیں کہانی سناتا رہا۔ اس وقت اسے باہر نکالنا بڑی بے انصافی ہے۔

عورت : اس نے کیوں کہا تھا کہ مجھے پناہ دو، میں تمھیں ایک ایسی کہانی سناؤں گا جو کبھی ختم نہ ہو۔ سنو میاں، فوراً یہاں سے نکل جاؤ ورنہ ایک عورت کے ہاتھوں پٹ کر بے عزّت ہو گے۔

مسافر : میں چلا جاتا ہوں لیکن یاد رکھو کہ تمھیں تمھارے ظلم کی سزا ملے گی۔

عورت : سزا ملے گی ...؟ اونہہ!

لکڑہارا : بھئی معاف کرنا۔ اس گھر میں میرا کوئی اختیار نہیں ہے۔ کاش میری کوئی جھونپڑی ہوتی اور اس ڈراؤنے موسم میں مَیں تمھیں کبھی نہ جانے دیتا۔

مسافر : بھئی، میں جانتا ہوں کہ ... تم بے قصور ہو۔

لکڑہارا : اچھا بھئی خدا حافظ!

(دروازہ بند ہو جاتا ہے)

عورت : (طنز سے) کہانی سنانے آیا تھا۔

لکڑہارا : تم نے بہت بُرا کیا۔

عورت : آخر یہ لوگ کون ہوتے ہیں ہمارا آرام خراب کرنے والے۔ کیا یہ جھونپڑی ان کے باپ دادا نے بنوائی جو بے دھڑک آ کر دستک دینے لگتے ہیں۔

لکڑہارا : اب تک سیکڑوں مسافروں کو تم دھکے دے دے کر باہر نکال چکی ہو۔ یہ اچھی بات نہیں۔ کبھی نہ کبھی تمھیں اپنے کیے کی سزا ملے گی۔

عورت : دیکھا جائے گا۔

(دروازے پر دستک ہوتی ہے)

لکڑہارا : کون ہے؟

مسافر۲ : بھئی، خدا کے لیے جلد دروازہ کھولو۔

(آندھی اور بارش پہلے سے بھی تیز ہے)

لکڑہارا : کیوں بھئی، کیا چاہتے ہو؟

مسافر ۲: (دانت بجاتے ہوئے) بڑی سردی ہے۔ دانتوں سے دانت بج رہے ہیں۔ باہر آندھی، بارش اور سردی نے طوفان اُٹھا رکھا ہے۔

لکڑہارا : تم چاہتے کیا ہو؟

مسافر ۲: (دانت بجاتے ہوئے) مجھے آج کی رات اپنی جھونپڑی میں پناہ دو۔ (دانت بجاکر) دیکھو میں بھیگ گیا ہوں۔ تکان سے میرا جسم چُور چُور ہو رہا ہے۔

لکڑہارا : بھئی، تمھیں رات بھر اپنی جھونپڑی میں رکھنے پر مجھے تو کوئی اعتراض نہیں ہے لیکن میری بیوی ہر مسافر سے کچھ شرطیں کیا کرتی ہے۔

عورت : (دور سے) لے آؤ... لے آؤ... کون ہے؟

لکڑہارا : چلو، بلا رہی ہے۔

عورت : کیا چاہتے ہو؟

مسافر ۲: باہر آندھی، بارش اور سردی نے اودھم مچا رکھا ہے۔ رات آپ کی جھونپڑی میں گزارنا چاہتا ہوں۔

عورت : تمھیں رات گزارنے کی اجازت دی جاسکتی ہے لیکن ایک شرط کے ساتھ۔

مسافر ۲: وہ کیا شرط ہے؟

عورت : وہ یہ کہ ایک ایسی کہانی سنوں گی جو کبھی ختم نہ ہو۔ اگر رات ختم ہونے سے پہلے تمھاری کہانی ختم ہوگئی تو میں تمھیں دھکے دے دے کر باہر نکال دوں گی۔

مسافر ۲: لیکن میں تو سخت تھکا ہوا ہوں اور آرام کرنا چاہتا ہوں۔

عورت : اوں ہوں۔ کیا یہی کم ہے کہ آندھی، برف اور بارش کے طوفان میں مَیں تمھیں جھونپڑی میں پناہ دے رہی ہوں۔ پناہ تو مل سکتی ہے آرام نہیں مل سکتا۔ اگر جھونپڑی میں رات گزارنی ہے تو جاگنا پڑے گا اور جاگ کر ایک لمبی کہانی سنانا پڑے گی۔

لکڑہارا : خدا کے لیے اس غریب پر رحم کھاؤ۔ کیوں غریب کی بددعائیں لیتی ہو۔ نہ جانے

بچارا کتنا تھکا ہارا ہے۔

عورت : آپ خاموش رہیے جی۔

مسافر ۲: مجھے آپ کی شرط منظور ہے۔ جس وقت بھی میری کہانی ختم ہو، آپ مجھے کان سے پکڑ کر باہر نکال سکتی ہیں لیکن میری بھی ایک شرط ہے۔

عورت : وہ کیا؟

مسافر ۲: جب میں کہانی سناؤں تو آپ چپکے سے کہانی سنتی جایئے۔ بیچ میں مجھے ٹوکیے نہیں۔ اگر آپ نے مجھے ٹوکا تو میں آپ کو جھونپڑی سے باہر نکال دوں گا۔

عورت : منظور ہے مجھے یہ شرط۔ تم جیسے بہت سوں کو دھکے دے کر نکال چکی ہوں اور نہ جانے کتنوں کو میں اُلّو بنا چکی ہوں۔

مسافر ۲: اچھا تو آپ کو میری شرط یاد ہے نا؟

عورت : ہاں، ہاں۔ خوب یاد ہے۔

لکڑ ہارا : کہتا ہوں باز آجاؤ۔ غریب مسافر کو دُکھ نہ دو۔ میں تمھاری ان حرکتوں سے سخت تنگ آ گیا ہوں۔

عورت : خاموش رہیے جی۔ میری باتوں میں دخل نہ دیجیے۔

لکڑ ہارا : بھئی معاف کرنا۔ اس گھر میں میرا کوئی اختیار نہیں ہے۔ میں خود اپنی بیوی سے تنگ آ گیا ہوں۔

مسافر ۲: میں سب کچھ سمجھتا ہوں۔ آپ کوئی فکر نہ کریں۔ اچھا تو اب میں کہانی سناتا ہوں۔

عورت : سناؤ۔

مسافر ۲: ایک تھا راجا۔ اس کے ملک پر کسی دشمن نے حملہ کر دیا۔ راجا نے اعلان کیا کہ سب لوگوں کو اپنے دیش کی بچاؤ کی خاطر فوج میں بھرتی ہو جانا چاہیے۔ چنانچہ فوراً ایک آدمی فوج میں بھرتی ہو گیا۔ پھر ایک دوسرا آدمی فوج میں بھرتی ہو گیا۔ پھر تیسرا آدمی فوج میں بھرتی ہو گیا۔ پھر چوتھا بھرتی ہو گیا۔ چوتھے کے بعد پانچواں، پانچویں کے بعد چھٹا بھرتی ہوا۔ چھٹے کے بعد جناب ساتواں آدمی

بھرتی ہوا۔ ساتویں کے بعد آٹھواں آدمی بھرتی ہوا اور آٹھویں کے بعد فوراً نواں آدمی بھرتی ہوگیا۔ نویں آدمی کے بعد جناب دسواں آدمی بھرتی ہوگیا اور دسویں کے بعد جناب اس فوج میں گیارھواں ...

عورت : یہ کیسی کہانی ہے۔ یہ شروع ہی نہیں ہوئی تو ختم کب ہوگی؟

مسافر ۲: آپ نے اپنی شرط توڑ دی ہے۔ میں نے کہہ دیا تھا کہ اگر آپ نے مجھے بیچ میں ٹوکا تو میں آپ کو باہر نکال دوں گا۔

عورت : نہیں، نہیں۔ میں باہر نہیں نکلوں گی۔ میاں! اس مسافر کو باہر نکال دو۔

لکڑہارا : بھئی، اب تو تم ہی کو نکالنا پڑے گا۔ تم نے شرط توڑ دی ہے۔ جس طرح دوسرے مسافروں کو شرط توڑنے پر سزا ملتی تھی اسی طرح تم بھی کیے کی سزا بھگتو۔ میں اس معاملے میں دخل نہیں دے سکتا۔

عورت : باہر تو بارش، آندھی اور برف کا طوفان اُٹھ رہا ہے۔

مسافر ۲: جس طرح دوسرے مسافر بارش، آندھی اور برف میں باہر نکلتے رہے ہیں، اسی طرح تمھیں بھی نکلنا پڑے گا۔ فوراً باہر نکل جاؤ، نہیں تو میں تمھیں باہر نکالنے کے لیے اپنے پستول سے مدد لوں گا۔ تم نہیں جانتیں کہ میں کون ہوں۔

☆☆☆

مسافر ۲: چلی گئی باہر؟

لکڑہارا : ہاں بچاری باہر چلی گئی ہے۔

مسافر ۲: ہاہاہا... اب میں چین کی نیند سوؤں گا۔ بھیگنے دو بھیگنے دو اسے بارش میں۔

لکڑہارا : میرا خیال ہے کہ اب اسے اچھا سبق مل گیا ہوگا۔

مسافر ۲: ہاں، میں بھی یہی سوچ رہا ہوں۔ اب بلا لو اسے اندر۔

(باہر سے عورت کے رونے کی آوازیں سنائی دیتی ہیں)

لکڑہارا : (دور سے) آجاؤ۔ میری بے وقوف بیوی اب اندر آجاؤ۔ ہاہاہا... خوب سزا ملی۔

موت

موج صہبائی

کردار :

ہارون رشید : بغداد کا خلیفہ　　　زبیدہ : خلیفہ کی بیوی

ابوحسن : خلیفہ کا درباری　　　نزہت : درباری کی بیوی

خلیفہ کا قاصد اور زبیدہ کی کنیز۔

(ابوحسن اور اس کی بیوی نزہت خلیفہ ہارون رشید کے زمانے میں بغداد میں رہتے تھے۔ ابوحسن کی یہ عادت تھی کہ وہ اپنے دوستوں کو اکثر کھانے پر مدعو کرتا اور بڑی فراخ دلی سے ان کی خاطر مدارات کرتا۔ اس طرح اس کی ساری دولت ختم ہوجاتی۔ چونکہ خلیفہ خود ایک خوش مزاج اور مزاح پسند شخص تھا اس لیے وہ ابوحسن کی ظرافت اور لطیفہ گوئی کی وجہ سے اسے بہت عزیز رکھتا تھا اور اکثر روپے پیسے سے اس کی مدد بھی کرتا تھا لیکن یہ روپیا بھی ابوحسن اپنے دوستوں کو کھلانے پلانے اور فضول خرچی میں اُڑا دیتا۔ پھر وہ تنگ دست اور نادار ہوجاتا۔ غرض اسے ہمیشہ روپوں پیسوں کی ضرورت رہا کرتی تھی۔ اکثر ایسا ہوتا تھا کہ کھانا پکانے کے لیے بھی گھر میں کچھ سامان نہ ہوتا تھا۔ ایک دن نزہت نے معمولی سا ناشتہ تیار کیا لیکن ابوحسن یہ معمولی، سادہ سا ناشتہ دیکھ کر آگ بگولہ ہوگیا)

ابوحسن : یہ کیسا خراب ناشتہ تم نے تیار کیا ہے! اور تم چاہتی ہو کہ میں اسے کھالوں؟ ارے اسے تو ایک کتا بھی کھانا پسند نہیں کرے گا۔ کیا تم کوئی عمدہ ناشتہ نہیں بنا سکتی تھی؟

نزہت : میرے عزیز شوہر، یہ تو بہترین ناشتہ ہے جو میں بنا سکتی تھی۔ گھر میں ہے ہی کیا

جو میں عمدہ اور نفیس ناشتہ تیار کرتی۔ آج کل ہمارے حالات خراب ہیں۔ ہمارے پاس پھوٹی کوڑی بھی نہیں ہے۔

ابوحسن : یہ تو بڑی بے عزتی کی بات ہے۔ میں ٹھہرا خلیفہ کا چہیتا درباری، اور ہم لوگ فاقہ کشی پر گزارہ کریں؟ کیا میں اپنے مشفق اور مہربان خلیفہ کے پاس جاؤں اور کچھ روپے مانگ لاؤں؟

نزہت : ایسا کب تک چلے گا بھلا؟ اس طرح فاقہ کرنا کتنا تکلیف دہ ہے لیکن میرے سرتاج، کیا یہ ہمارے لیے دانش مندی کی بات ہوگی کہ ہم خلیفہ سے پھر مدد طلب کریں۔ اب آپ ہی سوچیے وہ اشرفیاں جو رحم دل خلیفہ نے ہمیں پچھلی بار دی تھیں اور جو ہمیں دس سال سے زیادہ مدت کے لیے کافی تھیں، وہ تو ہم نے تمام کی تمام خرچ کر ڈالیں۔ لیکن آپ کو تو کوئی چیز روک نہیں سکتی آپ کے درجنوں دوستوں کو دعوتیں دینے اور ان کی خاطر و تواضع کرنے سے۔ اسی طرح تو ہم اپنی ساری دولت لٹاتے آرہے ہیں۔

ابوحسن : دولت لٹاتے آرہے ہیں؟ ہم تو عیش سے زندگی گزار رہے ہیں اور اپنے پیسوں سے دوستوں کے ساتھ ہم خود بھی تو فائدہ اُٹھا رہے ہیں۔ تم اسے دولت لٹانا کہتی ہو؟ کیا روپیا پیسا خود لطف اُٹھانے، دوستوں کو خوش کرنے اور دوسروں کو راحت دینے کے لیے نہیں ہوتا۔ اس کے استعمال کا اس سے بہتر مصرف ہی نہیں سوجھتا۔

نزہت : خیر، اس وقت آپ کے یار دوست کہاں ہیں؟ ان میں سے ایک بھی ہمارے پاس آئے گا اور نہ اس پریشانی میں ہماری مدد کرے گا۔ اب اپ اپنے دوستوں پر دولت صرف کرنے کی حماقت بند کریں۔

ابوحسن : میری بھولی بھالی نزہت! تمام لوگ اسی طرح کے ہوتے ہیں۔ ضیافت اور احسان کے بدلے میں ان سے کچھ اُمید رکھنا ہماری بے وقوفی ہے۔ جب تک ہمارے پاس پیسا ہے، وہ ہمارے گھر پر بھیڑ لگائیں گے اور جب ہمارا پیسا ختم

ہو جائے گا تو وہ پھر اِدھر کا رُخ نہیں کریں گے۔ اب اگر ہم ان کی خاطر مدارات کرتے ہیں تو خود اپنے آپ کو خوش کرنے کے لیے کرتے ہیں۔

نزہت : اچھا، آپ خلیفہ سے آخر کہیں گے کیا؟

ابوحسن : سنو جانِ من! میں بیمار ہونے کا بہانہ کرلوں گا اور تم خلیفہ کے پاس جانا۔ لیکن ٹھہرو، میں بتاتا ہوں کہ تمھیں کیا کرنا ہے۔ خلیفہ ہنسی مذاق کے شوقین ہیں۔ میں مرنے کا بہانہ کروں گا اور تم جاؤ اور زبیدہ سے ملاقات کرکے اس سے کچھ پیسے کفن دفن کے لیے مانگ لو۔ بولو، تم کیا کہتی ہو؟

نزہت : میں آپ کو مرنے کا ڈراما نہیں کرنے دوں گی۔ بلکہ میں خود ہی اپنے مرنے کا ناٹک کروں گی۔ میں تو اس وقت اتنی پریشان ہوں کہ واقعی مرنا چاہتی ہوں۔

ابوحسن : ارے واہ، اس بات پر مجھے ایک عمدہ ترکیب سوجھ گئی۔ ہم دونوں ہی مرنے کا سوانگ بھر سکتے ہیں۔ بشرطیکہ اس تماشے سے زیادہ دولت ہاتھ لگ جائے۔ کوئی بات نہیں، پہلے میری باری ہوگی۔ میں لیٹ جاؤں گا۔ تم مجھ پر کالے کپڑے ڈال دینا اور چھپ کر زبیدہ کے پاس پہنچ جانا اور اسے بتانا کہ کس طرح تمھارے پیارے شوہر ابوحسن پر تیز بخار کا اچانک حملہ ہوا اور وہ مر گئے۔ پھر جب تم واپس لوٹنا تو تم لیٹ جانا اور مردہ ہونے کا ناٹک کرنا اور میں خلیفہ کے پاس جاکر اسے بتاؤں گا کہ کس طرح میری پیاری بیوی نزہت اوپری زینے سے اچانک نیچے گر پڑی اور گزر گئی۔ اچھا، تو یہ طے رہا۔ اب ہمیں اپنے اپنے پارٹ کی ریہرسل کر لینی چاہیے۔

(ابوحسن اور نزہت اپنے اپنے پارٹ کی ریہرسل کرتے ہیں۔ پھر اس کے بعد دونوں اپنا اپنا پارٹ اتنے عمدہ طریقے سے ادا کرتے ہیں کہ سب کو فوراً یقین ہو جاتا ہے اور ہر ایک کو ایک ایک سو اشرفیاں آسانی سے مل جاتی ہیں)

ابوحسن : میرا پارٹ بہت عمدہ ادا ہوا۔ خلیفہ نے میرے ایک لفظ پر یقین کرلیا۔ خیر، یہ ابھی ایک سو اشرفیاں تمھارے کفن دفن کے لیے اور یہ دوپٹا تمھاری خوب

صورت لاش کو ڈھکنے کے لیے۔

نزہت : کیا ہی شاندار دوپٹا ہے! اس دوپٹے کو اوڑھ کو تو میں قبر میں بھی جانے کو تیار ہوں اور میرا پارٹ بھی بہت جاندار ہوا ہے۔ یہ رہی ایک سو اشرفیاں جو زبیدہ نے مجھے آپ کے کفن دفن کے لیے دی ہیں۔ انھیں یہ سن کر بہت افسوس ہوا کہ آپ انتقال کر گئے ہیں۔

ابوحسن : تم کیا فخر نہیں محسوس کرتی کہ تمھیں میرے جیسا عقل مند شوہر ملا ہے؟ دو سو اشرفیاں اور ایک خوب صورت دوپٹا! ہماری غربت اور فاقے کا خاتمہ اور آرام و آسائش کا آغاز!

نزہت : لیکن جب اصلیت کا پتا چلے گا تو کیا ہوگا؟ **(باہر سے قدموں کی چاپ سنائی دیتی ہے اور پھر دروازے پر ایک باوقار آواز)** اوہ ... وہی ہوا جس کا مجھے ڈر تھا۔ یہ خلیفہ کا قاصد ہے۔ میں اس کی آواز پہچانتی ہوں۔

(ابوحسن کھڑکی سے باہر کی طرف دیکھتا ہے۔ پھر اپنی بیوی کو نیچے فرش پر لٹا دیتا ہے اور دوپٹے سے اس کو ڈھانک دیتا ہے۔ پھر دروازہ کھولتا ہے اور قاصد داخل ہوتا ہے)

قاصد : معاف کیجیے، ابوحسن! محل میں ایک اختلاف پیدا ہوگیا ہے اور خلیفہ یہ یقین کر لینا چاہتے ہیں کہ آپ نہیں بلکہ آپ کی بیوی نے انتقال کیا ہے اور اب میں نے جو دیکھا ہے وہ خلیفہ سے جا کر بیان کر دوں گا۔

ابوحسن : اختلاف پیدا ہوگیا ہے؟ آخر تم کہنا کیا چاہتے ہو؟ آخر تم لوگ اتنے شکی کیوں ہو؟ میری پیاری بیوی یہاں لیٹی ہوئی ہیں۔ دیکھ لو، اگر تم چاہو تو دوپٹا ہٹا سکتے ہو اور اس کی لاش کو چھو بھی سکتے ہو۔ مجھے کوئی اعتراض نہیں ہے۔ ایسے وقت کسی پر شک کرنا کتنی معیوب بات ہے۔ اس سے مجھے اور بھی صدمہ پہنچتا ہے۔

قاصد : ارے نہیں، میرا مطلب یہ بالکل نہیں ہے۔ خلیفہ کو تو یقین ہے کہ آپ کی عورت کا ہی انتقال ہوا ہے۔ اسی طرح زبیدہ کو یقین ہے کہ آپ کی وفات ہوئی ہے۔ اس بات پر خلیفہ نے ایک ہزار اشرفیوں کی شرط لگا رکھی ہے اور زبیدہ نے بھی

ایک ہزار اشرفیوں کی شرط باندھی ہے۔ مجھے تو زبیدہ پر ترس آتا ہے کہ وہ اپنی شرط ہار گئیں۔ **(قاصد رخصت ہو جاتا ہے)**

نزہت : غضب ہو گیا! اب ہم نہیں بچ سکتے۔ اب ہم لوگ کیا کریں؟ مجھے تو ڈر لگ رہا ہے۔ جان ہی نکلی جا رہی ہے میری۔

ابوحسن : جب تک میری عقل صحیح سلامت ہے، تمھیں پریشان ہونے کی بالکل ضرورت نہیں۔ سمجھی؟

نزہت : یہ تو آپ کی عقل ہی ہے جس نے ہمیں مصیبت میں ڈال رکھا ہے۔ **(دروازے پر دستک اور پھر ایک نسوانی آواز)** اب کون ہے؟ آپ یہیں ٹھہریں، میں دیکھتی ہوں۔ **(کھڑکی سے باہر جھانکتی ہے)** باپ رے باپ! یہ تو زبیدہ کی کنیز ہے۔ مجھے یقین ہے وہ یہی دیکھنے آئی ہے کہ آپ مرے ہیں یا نہیں۔

ابوحسن : اچھا تو میں مر گیا ہوں، تم کنیز سے یہ کہہ دینا۔ مجھے کوئی اعتراض نہیں ہے۔ مجھے اس چادر سے ڈھک دو۔ اس بات کا خیال رہے کہ تم روتی رہنا اور بالٹی بھر آنسو بہاتی رہنا۔ ٹھیک ہے؟

کنیز : کیا میں اندر آسکتی ہوں اور کیا آپ کے شوہر کو ایک نظر دیکھ سکتی ہوں؟ کیا آپ کو کوئی اعتراض ہے؟

نزہت : نہیں، نہیں، بالکل نہیں۔ آپ شوق سے اندر آئیے۔ یہ دیکھیے، وہ لیٹے ہوئے ہیں اور اپنی قبر کی طرح بالکل ٹھنڈے ہو چکے ہیں۔

کنیز : یہ زید بھی کیسا جھوٹا آدمی ہے۔ ابھی تھوڑی دیر پہلے اس نے خلیفہ سے کہا تھا کہ یہ تم ہو جس کا انتقال ہوا ہے اور زبیدہ نے پتا لگانے کے لیے مجھ کو بھیجا ہے۔ اب میں جاؤں گی اور جو کچھ دیکھا ہے ان سے بیان کر دوں گی۔

(کنیز رخصت ہو جاتی ہے)

نزہت : اب آپ کی عقل پر بھروسا کرنے سے کوئی فائدہ نہیں۔ آپ تو حالات کو اور بھی خراب کر دیتے ہیں۔ ہمیں اب اپنا جرم قبول کرنا ہی پڑے گا۔ مجھے ڈر ہے کہ

شاید ہمارے لیے اب اور بھی مصیبتیں آنے والی ہیں۔ آپ سمجھ رہے ہیں نا معاملے کی نزاکت کو؟

ابوحسن : اگر ایسا ہوا تو ہم اس شہر ہی کو چھوڑ دیں گے اور تب ہماری ساری مصیبتوں کا خاتمہ ہو جائے گا۔ ارے، یہ میں کیا سن رہا ہوں؟ ڈھول اور تاشے کی آوازیں! **(ابوحسن کھڑکی سے باہر دیکھتا ہے)** یا خدا! خلیفہ خود تشریف لا رہے ہیں اور ان کے ساتھ زبیدہ بھی ہیں۔

نزہت : اوہ، غضب ہو گیا۔ اب تو ہم دونوں کو پھانسی ہو جائے گی۔

ابوحسن : خاموش رہو۔ بدحواس یا خوف زدہ ہو کر تم کہیں کی نہ رہو گی۔ جاؤ اور وہاں لیٹ جاؤ اور اپنے کو دوپٹے سے ڈھانپ لو اور مردہ ہونے کا بہانہ کرو۔ میں بھی ایسا ہی کرتا ہوں۔ ہم دونوں مردہ ہوں گے۔ میں دروازہ کھلا چھوڑ دوں گا۔ پھر لیٹ جاؤں گا۔ سمجھ گئی نا؟

(خلیفہ، زبیدہ، قاصد، کنیز اور دوسرے لوگ کمرے میں داخل ہوتے ہیں)

خلیفہ : ابوحسن، کہاں ہو تم؟

زبیدہ : نزہت، میں ہوں زبیدہ۔ تم کہاں ہو؟

ابوحسن : دیکھو، وہاں دو جسم ہیں۔ دونوں مردہ ہیں لیکن یہ سچ نہیں ہو سکتا۔ میں نے تو اتنی حیرت انگیز بات کبھی نہیں سنی۔

نزہت : میں نے بھی۔ بے چاری نزہت، میرا خیال ہے کہ اپنے شوہر کو مردہ دیکھ کر اس کا کلیجا پھٹ گیا ہوگا۔

خلیفہ : تم یہ کیسے کہہ سکتی ہو؟ بیوی تو پہلے مری تھی۔ اپنی پیاری بیوی کو مردہ دیکھ کر بے چارے ابوحسن کا کلیجا چھلنی ہو گیا ہوگا۔

زبیدہ : آپ بھی کیسی بے تکی بات کرتے ہیں۔ بیوی پہلے نہیں مری، شوہر پہلے مرا تھا۔ آپ جانتے ہی نہیں کہ آپ کیا کہہ رہے ہیں۔ میں بتاتی ہوں۔ آپ کا آدمی جھوٹ بول رہا ہے۔ میری کنیز نے ابوحسن کی بیوی کو ماتم کرتے اور اپنے بال

نوچتے دیکھا تھا۔ ابوحسن پہلے مرا تھا۔

خلیفہ : مجھے تو یہ سب بالکل نہیں سمجھ میں آ رہا ہے۔ میں اس شخص کو ایک ہزار اشرفیاں دینے کے لیے تیار ہوں جو یہ ثابت کردے کہ ان میں سے پہلے کون مرا یعنی نزہت پہلے مری یا...

زبیدہ : اچھا، تو میں بھی اس آدمی کو ایک ہزار پانچ سو اشرفیاں دینے کے لیے آمادہ ہوں جو آپ کی بات کو غلط ثابت کردے یعنی ثابت کردے کہ ابوحسن ہی پہلے مرا تھا۔

(ابوحسن اپنے بستر پر سے اُچھل پڑتا ہے)

ابوحسن : میں پہلے مرا تھا، اے امیر المومنین، غریبوں کے ہمدرد!

خلیفہ : خدا ہم لوگوں کو محفوظ رکھے۔ کیا تم کوئی بھوت ہو؟ دیکھو، وہ عورت بھی اُٹھ بیٹھی!

ابوحسن : حضور، ہم لوگ بھوت نہیں ہیں اور نہ تو ہم لوگ مردے ہیں۔ یہ تو ہم لوگوں کی غریبی اور بے چارگی تھی کہ جس نے ہمیں یہ سوانگ رچنے پر مجبور کیا۔ مجھے افسوس نہیں ہوگا، اگر آپ مجھے جیل میں ٹھونس دیں لیکن میری بیوی کو معاف کردیجیے۔ اس کو آزاد کردیجیے۔ وہ بے قصور ہے۔ اس نے میرے ہی کہنے پر یہ سب کیا ہے۔ سارا قصور میرا ہے۔ حضور، یہ سب محض ایک ڈراما تھا۔

نزہت : نہیں، نہیں، حضور! میں آپ سے التجا کرتی ہوں مجھے بھی اس کی سزا دیجیے۔ البتہ میرے شوہر کو معاف کردیجیے۔ ان کا مقصد کسی کو نقصان پہنچانا نہیں تھا۔

خلیفہ : میں تم میں سے کسی کو بھی سزا نہیں دوں گا۔ مجھے تو اس بات کی خوشی ہے کہ تم دونوں صحیح سلامت ہو۔ خدا کا لاکھ لاکھ شکر ہے۔

زبیدہ : مجھے بھی خوشی ہے۔ ہم لوگوں نے جو رقم شرط پر لگائی ہے، وہ ساری رقم ابوحسن اور اس کی بیوی نزہت کو دے دی جائے۔

خلیفہ : ہاں ایسا ہی ہوگا۔

ابوحسن، نزہت، قاصد اور کنیز : سبحان اللہ! اللہ خلیفہ کا اقبال بلند کرے!

جادو کا موبائل

ایم.مبین

کردار : پپو (ایک چالاک نوجوان)، اسامہ، انزل، حسنین، افنان، رجب، حذیفہ (ایک ہی گھر کے بچے)

منظر : پپو کے کمرے کا منظر... انزل، حسنین، اسامہ، رجب، حذیفہ کمرے میں ویڈیو گیم کھیل رہے ہیں۔ پپو ہاتھوں میں برفی کا پیکٹ لیے کمرے میں داخل ہوتا ہے۔

پپو : اے! یہ کیا ہو رہا ہے؟

انزل : پپو چاچا، ہم ویڈیو گیم کھیل رہے ہیں۔

پپو : تم نے کس سے پوچھ کر ویڈیو گیم لگایا؟

اسامہ : دادی سے پوچھا تھا۔ انھوں نے کہا کھیلو۔

پپو : اگر ویڈیو گیم میں ذرا بھی خرابی آئی تو میں تم سب کی ٹانگیں توڑ دوں گا۔

انزل : پپو چاچا! ہم نے کچھ نہیں کیا۔ ویڈیو گیم اچھی طرح چل رہا ہے۔

پپو : تم لوگ کب سے گیم کھیل رہے ہو؟

حسنین : بس ایک گھنٹا ہوا ہے۔

پپو : (غصے سے) ایک گھنٹے سے ویڈیو گیم کھیل رہے ہو... نکمّے بچو! پڑھتے لکھتے تو نہیں ہو۔ بس رات دن ویڈیو گیم، ٹی وی اور کمپیوٹر گیم میں دھیان لگاتے ہو۔ فوراً بند کرو۔ اگر بند کرنے میں ایک منٹ کی بھی تاخیر کی تو لکڑی لے کر ایک

ایک کی ٹانگ درست کر دوں گا۔

انزل : نہیں پپو چاچا...ابھی بند کرتے ہیں۔

(انزل ویڈیو گیم اور ٹی وی بند کرنے میں لگ جاتا ہے۔ باقی بچے اسے گھیر لیتے ہیں)

اسامہ : پپو چاچا کیا لائے ہیں؟

پپو : ایوب بھائی مٹھائی والے کی برفی۔

اسامہ : برفی...آہا...برفی تو مجھے بہت پسند ہے۔

حسنین : برفی کا نام سن کر ہی میرے منہ میں پانی آ گیا ہے۔

انزل : چاچا! میں نے بہت دنوں سے برفی سونگھی بھی نہیں ہے۔ تھوڑی کھانے کے لیے دو نا؟ بہت من للچا رہا ہے۔

پپو : یہ برفی میں نے تم لوگوں کے لیے ہی لائی ہے۔ رات کے کھانے کے بعد سب کو دوں گا۔

رجب : نانا! ہم رات تک انتظار نہیں کر سکتے۔ ہمارے لیے لائی ہے تو ابھی دے دیجیے۔

پپو : نہیں...ایک بار کہہ دیا نا کہ رات کے کھانے کے بعد دوں گا تو برفی رات کے کھانے کے بعد ہی ملے گی۔ صبر کرو۔

انزل : چاچا! ہم رات تک کیسے صبر کریں گے؟

حذیفہ : چاچا! ہم رات تک انتظار نہیں کر سکتے۔ ہمیں تھوڑی ابھی کھانے کو دے دو نا۔ باقی رات میں دینا۔

اسامہ : صرف چکھنے کے لیے دے دو۔

پپو : کیسے ندیدے بچے ہیں۔ برفی کا نام سن کر ایسے للچا رہے ہیں جیسے کبھی برفی دیکھی نہیں۔ میں نے کہہ دیا نا برفی سب کو ملے گی اور بھرپور ملے گی۔ لیکن رات کے کھانے کے بعد۔ میں ابھی اسے الماری میں رکھ رہا ہوں۔ تم لوگ میرے کمرے سے چلے جاؤ، مجھے آرام کرنے دو۔

(مٹھائی کا ڈبا سامنے کی الماری میں رکھتا ہے۔ سب بچے حسرت سے الماری کو دیکھتے

ہیں۔انھیں جانے کے لیے کہتا ہے۔ بچے منہ لٹکا کر ایک ایک کر کے جاتے ہیں)

پپو : میں نہانے کے لیے جارہا ہوں۔نہانے کے بعد آرام کروں گا۔کوئی کمرے میں آ کر شور نہ مچائے۔ اگر میری نیند خراب ہوئی تو نیند خراب کرنے والے کی ٹانگیں توڑ دوں گا۔

(الماری سے تولیا، بنیان وغیرہ لے کر باہر چلا جاتا ہے۔تھوڑی دیر کے بعد گیلے بالوں کو تولیے سے پونچھتے ہوئے واپس کمرے میں آتا ہے)

پپو : واہ، گرم پانی جسم پر ڈالنے سے جیسے رگ رگ میں بسی سستی گرم پانی کے ساتھ بہہ گئی۔سردی کے دنوں میں سستی آتی ہے۔کوئی کام کرنے کو دل نہیں چاہتا۔ من چاہتا ہے بس کمبل اوڑھ کر بستر پر لیٹے رہیں۔جسم کی سستی گرم پانی کا غسل ہی نکالتا ہے۔

(نیچے سے آواز آتی ہے)

آواز : پپو... ذرا نیچے آنا۔

پپو : آیا ماں۔

(کہہ کر چلا جاتا ہے۔اسامہ چوروں کی طرح کمرے میں داخل ہوتا ہے۔چاروں طرف محتاط نظروں سے دیکھتے ہوئے الماری کی طرف بڑھتا ہے۔الماری سے مٹھائی کا ڈبا نکال کر اسے کھول کر مٹھائی کھاتا ہے)

اسامہ : واہ! کیا لذیذ برفی ہے۔جی چاہتا ہے کہ اکیلا پورا برفی کھا جاؤں۔

(تھوڑی سی برفی کھانے کے بعد ڈبا الماری میں رکھ دیتا ہے۔جانے لگتا ہے، پھر مڑتا ہے اور الماری سے ڈبا نکال کر برفی کھاتا ہے۔ڈبا الماری میں رکھنے جاتا ہے اور پھر کچھ سوچ کر ڈبے کو قمیص کے اندر چھپا کر کمرے سے چلا جاتا ہے۔تھوڑی دیر بعد پپو گنگناتا ہوا کمرے میں داخل ہوتا ہے)

پپو : کل بہت کام کرنے ہیں۔اس لیے آج آرام ضروری ہے۔اگر دو چار گھنٹے کی نیند مل جائے گی تو سویرے چار بجے آسانی سے جاگ جاؤں گا ورنہ آنکھ کھولنا مشکل ہے۔تھوڑا سا سو لیتا ہوں۔

(بستر کی طرف بڑھتا ہے پھر مڑتا ہے)

پپو : کیوں نہ تھوڑی سی برفی منہ میں ڈال لوں۔ رات میں تو بچے ساری برفی چٹ کر جائیں گے۔

(الماری کی طرف بڑھتا ہے۔ الماری کھولتا ہے پھر جھٹکے سے پیچھے ہٹ جاتا ہے)

پپو : ہائیں ...ابھی تھوڑی دیر پہلے تو میں نے مٹھائی کا ڈبا اسی الماری میں اس جگہ رکھا تھا۔ ڈبا کہاں غائب ہو گیا۔

(الماری میں ڈبا تلاش کرنے لگتا ہے)

پپو : **(تلاش چھوڑ کر)** الماری سے مٹھائی کا ڈبا غائب، کمرے میں تو کوئی بھی نہیں آیا ہے۔ کسی کو معلوم ہی نہیں ہے کہ مٹھائی لائی ہے۔ ضرور یہ بچوں کا کام ہوگا۔ مٹھائی کھانے کے لیے بے صبرے ہو گئے تھے۔ ضرور انھوں نے ہی مٹھائی چرائی ہوگی۔ انزل، اسامہ، حسنین!

(آوازیں لگاتا ہے۔ "آئے چاچا...آیا ماموں" کا جواب ملتا ہے۔ بچے کمرے میں داخل ہوتے ہیں)

انزل : آپ نے ہمیں بلایا چاچا۔

پپو : ہاں۔ رجب کہاں ہے؟ اسے بھی بلاؤ۔

حذیفہ : وہ نیچے ہی ہیں۔ میں ابھی بلاتا ہوں۔ رجب! پپو چاچا مٹھائی دینے بلا رہے ہیں۔

(رجب آندھی طوفان کی طرح کمرے میں داخل ہوتا ہے)

رجب : کہاں ہے میرے حصے کی مٹھائی۔

پپو : **(سب کو گھورتے ہوئے)** تو تم لوگ مٹھائی کھانا چاہتے ہو؟

انزل : ہاں پپو چاچا، مجھے برفی بہت پسند ہے۔

حسنین : مجھے بھی بہت پسند ہے۔ دو نا پپو چاچا۔

پپو : **(غصّے سے)** مجھے بے وقوف مت بناؤ۔ یہ بتاؤ الماری سے مٹھائی کا ڈبا کس نے

چرایا؟

انزل : کیا...مٹھائی کا ڈبا چوری ہوگیا؟

حسنین : مٹھائی کا ڈبا چوری کس طرح کیا جاسکتا ہے؟ کمرے میں گھر میں تو کوئی آیا ہی نہیں۔

پپو : مٹھا کا ڈبا تم لوگوں نے ہی چرایا ہے کیونکہ تم لوگوں کو ہی معلوم تھا میں نے مٹھائی لائی ہے اور ڈبا میں نے تم لوگوں کے سامنے الماری میں رکھا تھا۔

انزل : قسم سے پپو چاچا، میں نے مٹھائی کا ڈبا نہیں چرایا۔

اسامہ : پپو چاچا، میں نے مٹھائی کا ڈبا نہیں چرایا ہے۔

حسنین : ماموں، میں کبھی چوری نہیں کرتا کیونکہ مجھے معلوم ہے چوری اچھی بات نہیں ہے۔

پپو : میں بھی یہی کہتا ہوں، چوری اچھی بات نہیں ہے۔تم میں سے جس نے بھی وہ مٹھائی کا ڈبا چرایا ہے، وہ مٹھائی کا ڈبا واپس کردے اور اپنا جرم قبول کرلے۔

انزل : میں نے نہیں چرایا۔

اسامہ : چاچا، میں نے ڈبا نہیں چرایا ہے۔

پپو : دیکھو، جس کسی نے بھی مٹھائی کا ڈبا چرایا ہے، وہ اپنے جرم کو قبول کرلے اور ڈبا واپس کردے۔ میں اسے کوئی سزا نہیں دوں گا۔ چوری کرنا اچھی بات نہیں ہے، اور چوری کرکے چوری چھپانے کے لیے جھوٹ بولنا تو اور بھی بری بات ہے۔ چوری چھپ نہیں سکتی۔ چور اپنے دل کے چور کی وجہ سے سامنے آتا ہے۔ اس لیے جب وہ پکڑا جاتا ہے تو اسے شرمندگی بھی اُٹھانی پڑتی ہے اور سزا بھی ملتی ہے۔اس لیے شرمندگی اور سزا سے بچنے کے لیے بہتری اسی میں ہے کہ چور اپنی چوری قبول کرلے۔

انزل : ہم سچ کہتے ہیں پپو چاچا۔ہم نے چوری نہیں کی۔ ہم یہاں سے جانے کے بعد نیچے کھیل رہے تھے۔

(پپو کچھ سوچتا ہے)

پپو : تو تم لوگ اس طرح سے اپنا جرم نہیں قبول کروگے۔ لیکن میرے پاس چور پکڑنے کے سو طریقے ہیں۔ میں دو منٹ میں پتا لگا لوں گا کہ تم میں سے چور کون ہے۔ یہ بھی سچ ہے کہ چور تم لوگوں میں سے ہی کوئی ہے۔

رجب : ہم چور نہیں ہیں نانا۔

پپو : ٹھیک ہے، تم میں سے چور کون ہے، یہ میرا جادو کا موبائیل بتائے گا۔

انزل : جادو کا موبائل بتائے گا کہ کس نے چوری کی ہے؟

پپو : ہاں، میرا موبائل مجھے بتا دے گا کہ چور کون ہے۔ میں ابھی اپنا جادو کا موبائل لے کر آتا ہوں۔

(پپو باہر جاتا ہے۔ سب آپس میں باتیں کرتے ہیں)

حسنین : جادو کا موبائل؟ پپو چاچا کے پاس جادو کا موبائل ہے، یہ تو ہمیں پہلی بار پتا چل رہا ہے۔

اسامہ : بھلا کوئی موبائل بتا سکتا ہے کہ چوری کس نے کی ہے؟

انزل : ہم نے چوری کی ہی نہیں ہے تو ہمیں ڈرنے کی کیا ضرورت ہے؟

حسنین : بالکل سچ۔ چور پکڑنے کے لیے پپو ماموں کوئی جادو کا موبائل لائے یا پھر کسی جادوگر کو۔

رجب : ہم نے چوری نہیں کی ہے تو نہ جادو کا موبائل ہمارا کچھ بگاڑ سکے گا نا کوئی جادوگر۔

افنان : لیکن میری یہ سمجھ میں نہیں آ رہا ہے، پپو چاچا موبائل سے کس طرح چور کو پکڑیں گے۔

(پپو ہاتھ میں موبائل لیے کمرے میں داخل ہوتا ہے)

پپو : یہ ہے میرا جادو کا موبائل...! یہ مجھے اور سب کو بتا دے گا کہ چوری کس نے کی ہے۔

انزل : یہ کس طرح ہمیں بتائے گا کہ چوری کس نے کی ہے؟

پپو : میں اس موبائل کو اس الماری میں رکھوں گا جس میں مٹھائی کا ڈبا رکھا تھا۔ تم لوگوں میں سے ایک ایک باری باری جا کر الماری کھول کر الماری میں رکھے اس موبائل کو ہاتھ میں لینا اور پھر رکھ دینا۔ جیسے ہی چور اس موبائل کو ہاتھ میں لے گا، یہ بج اُٹھے گا۔ یعنی ہمیں بتا دے گا کہ یہ وہی ہے جس نے چوری کی ہے۔

حسنین : واہ ماموں! یہ تو چیٹنگ ہوگی۔ مان لیجیے میں چور نہیں ہوں، میں نے موبائل ہاتھ میں لیا اور اسی وقت کسی کا کال آ گیا تو میں بے قصور چور ٹھہرایا جاؤں گا۔

پپو : کسی کی کال آنے سے یہ بجے گا تو اس میں کال نمبر آئے گا۔ چور کے چھونے یا ہاتھ میں لینے سے بجے گا تو نمبر نہیں آئے گا بے وقوف۔

انزل : اچھا اچھا، ہم نے چوری کی ہی نہیں ہے تو ہمیں ڈرنے کی کیا ضرورت ہے؟

پپو : ابھی تھوڑی دیر میں معلوم ہو جائے گا، چوری کس نے کی ہے۔ میں موبائل کو الماری میں رکھ رہا ہوں۔

(پپو موبائل کو الماری میں رکھ کر دروازہ بند کر دیتا ہے)

پپو : اب باری باری جا کر دروازہ کھولو۔ موبائل ہاتھ میں لو اور موبائل کو وہیں رکھ کر واپس آ جائیں۔ تم نے چوری کی ہو تو ہاتھ میں لیتے ہی موبائل بج اُٹھے گا۔ چوری نہیں کی ہو تو نہیں بجے گا۔

انزل : سب سے پہلے میں جا کر موبائل ہاتھ میں لیتا ہوں۔ مجھے کسی بات کا ڈر نہیں ہے کیونکہ میں نے چوری نہیں کی ہے۔

حسنین : اس کے بعد میں جاؤں گا۔ میں نے بھی چوری نہیں کی ہے۔

(انزل الماری کے قریب جاتا ہے۔ الماری کا دروازہ کھولتا ہے۔ موبائل ہاتھ میں لیتا ہے۔ رکھ کر دروازہ بند کر دیتا ہے)

انزل : موبائل نہیں بجا۔ میں چور نہیں ہوں۔

(حسنین جاتا ہے۔ دروازہ کھولتا ہے، واپس آتا ہے)

حسنین : موبائل نہیں بجا، یعنی میں نے چوری نہیں کی... میں چور نہیں ہوں۔

(رجب جاتا ہے۔ اس کے بعد اسامہ جاتا ہے، دروازہ کھولتا ہے، تھوڑی دیر بعد بند کر دیتا ہے۔ موبائل نہیں بجتا ہے)

رجب : موبائل نہیں بجا۔ اس کا مطلب اسامہ بھی چور نہیں ہے۔ میں جاتا ہوں۔

(سارے بچے باری باری جاتے ہیں۔ موبائل نہیں بجتا ہے)

انزل : پپو چاچا... کسی کے بھی ہاتھ میں لینے سے موبائل نہیں بجا۔ اس کا مطلب ہم چور نہیں ہیں۔ ہم میں سے کسی نے چوری نہیں کی ہے۔

پپو : چور تو تم لوگوں میں سے ہی کوئی ہے۔

انزل : اگر ہم میں سے کوئی چور ہے تو چور کے ہاتھ میں لینے سے تمھارا جادوئی موبائل کیوں نہیں بجا؟ اس نے چور کو کیوں نہیں پکڑوایا؟

پپو : موبائل نے چور کو پکڑ لیا ہے اور پہچان بھی لیا ہے۔ میں ابھی چور کو سب کے سامنے لاتا ہوں۔ تم سب باری باری میرے پاس آؤ اور اپنا وہ ہاتھ بتاؤ جس سے تم نے الماری میں رکھا جادو کا موبائل پکڑا تھا۔

(سب باری باری آ کر پپو کو اپنا ہاتھ بتاتے ہیں۔ پپو ان کے ہاتھ کو سونگھ کر کہتا ہے)

پپو : تم چور نہیں ہو۔

(اسامہ آتا ہے۔ پپو اس کا ہاتھ سونگھتا ہے اور اسے پکڑ لیتا ہے)

پپو : اسامہ! تم چور ہو... تم نے مٹھائی کا ڈبا چرایا ہے۔

(اسامہ گھبرا جاتا ہے)

پپو : اب جلدی سے قبول کرلو کہ تم نے چوری کی ہے ورنہ ابھی مار مار کر تمھارا بھرتا بناتا ہوں۔

اسامہ : ہاں، میں نے چوری کی ہے۔ میں نے مٹھائی کا ڈبا چرایا ہے۔

انزل : اسامہ! تم نے چوری کی؟

حسنین : پپو ماموں،۔ اسامہ چور ہے، یہ تمھیں کس طرح پتا چلا؟ تمھارا جادوئی موبائل تو

بجا بھی نہیں۔

پپو : کہتے ہیں نا 'چور اپنے دل کے چور سے پکڑا جاتا ہے۔' تو یہ چور بھی اسی دل کے چور سے پکڑا گیا۔ اس نے سوچا جیسے ہی میں موبائل ہاتھ میں لوں گا، جادو کا موبائل بج اُٹھے گا اور میں پکڑا جاؤں گا اس لیے اس نے وہ موبائل ہاتھ میں لیا ہی نہیں۔

انزل : اسامہ نے موبائل ہاتھ میں نہیں لیا، اس بات کا آپ کو کیسے پتا چلا؟

پپو : یہ تو میں نے پہلے ہی منصوبہ بنا لیا تھا۔ میں نے موبائل پر ایک خوشبودار سینٹ لگا دی تھی تاکہ جو کوئی موبائل ہاتھ میں لے، خوشبو اس کے ہاتھوں میں لگ جائے۔ مجھے اندازہ تھا چور موبائل بجنے کے ڈر سے اور پکڑے جانے کے ڈر سے موبائل ہاتھ میں نہیں لے گا۔ اس لیے اس کے ہاتھوں میں خوشبو نہیں لگے گی۔ میں نے سب کے ہاتھ جانچے تو سب کے ہاتھوں سے خوشبو آ رہی تھی۔ اسامہ کے ہاتھوں سے نہیں، اس طرح چور سامنے آ گیا۔

انزل : واہ پپو چاچا! آپ نے چور اپنے جادو کے موبائل سے نہیں، جادو کے دماغ سے پکڑا ہے۔

(سب ہنستے ہیں)

دما دم مست قلندر

خالد شاہین

کردار: میئر صاحب (میونسپل کارپوریشن) (ڈبل رول میں) | کمشنر صاحب (میونسپل کارپوریشن) | کارپوریٹر تکارام گھانیکر (مراٹھا) | کارپوریٹر راما شیٹی (ساؤتھ انڈین) | کارپوریٹر سہراب جی پسٹن جی (پارسی) | میئر صاحب کا پی اے چیلا رمانی (سندھی) | سینئر سٹیزن (بزرگ شہری) | کریم بھائی (سوشل ورکر) | رفیع جونیئر (گویّا / Singer) | کشور جونیئر (گویّا / Singer) | مرلی دھر (بانسری والا)

منظر : اسٹیج کے سامنے سڑک کا منظر ہے۔ کچھ لوگ ناک پر رومال رکھے ہوئے ایک وِنگ سے دوسری وِنگ کی جانب آ جا رہے ہیں اور اس طرح سنبھل سنبھل کر چل رہے ہیں گویا سڑک پر ہر طرف کچرا بھرا پڑا ہے۔ پس منظر میں جو پردہ لگا ہوا ہے، اس پر چند عمارتوں کے کٹ آؤٹ یا پینٹنگ بنی ہوئی ہے۔ عمارتوں کی کھڑکیوں سے لوگوں کو کچرا پھینکتے ہوئے دِکھایا گیا ہے۔ اس دوران بیک گراؤنڈ سے کورس میں گانے کی آواز بھی سنائی دے رہی ہے)

گانا

کچرا کچرا کچرا
اوپر کچرا، نیچے کچرا

دائیں کچرا، بائیں کچرا
کچرا کچرا کچرا
کچرا جان کا دشمن ہے
کچرا موت کا مسکن ہے
کچرا کچرا کچرا
کچرا بیماری کا گھر
کچرا جھگڑے کی ہے جڑ
کچرا کچرا کچرا
بچے، بوڑھے، نر، ناری
کچرا سب کی بیزاری
کچرا کچرا کچرا

(کورس کی آواز رفتار پکڑتی ہے اور پھر اچانک موسیقی تھم جاتی ہے۔ گانا ختم ہوتا ہے)

فیڈ آؤٹ

(اندھیرے میں سب لوگ چلے جاتے ہیں اور پس منظر کا پردہ اُٹھا دیا جاتا ہے۔ روشنی ہوتی ہے۔ اب ہمارے سامنے میئر صاحب کا چیمبر یا کانفرنس روم ہے۔ درمیان میں پیچھے کی طرف سبز غلاف سے ڈھکی ہوئی ایک بڑی میز، میز پر میئر صاحب کے نام کی تختی۔ آس پاس آرام دہ کرسیاں بچھی ہوئی ہیں۔ دائیں جانب کی سنگل کرسی پر میونسپل کمشنر براجمان ہیں۔ میئر صاحب کی کرسی خالی ہے۔ دیگر کرسیوں پر میونسپل کارپوریٹر بیٹھے ہوئے آپس میں زور زور سے بات چیت کر رہے ہیں۔ ایک کرسی پر ایک بزرگ شہری (سینئر سٹیزن) بیٹھے ہوئے ہیں۔ ان کے قریب ایک سوشل ورکر بیٹھا ہوا ہے۔ بائیں جانب کے گوشے میں ایک چھوٹی سی سنگل میز ہے جس پر میئر صاحب کا پی اے (پرسنل اسسٹنٹ) بیٹھا ہوا کچھ لکھ رہا ہے۔ میز پر ٹیلی فون بھی رکھا ہوا ہے۔ ایک تپائی پر کچھ اخبارات رکھے ہوئے ہیں۔ کانفرنس روم کے عقب میں ایک بڑی سی کھڑکی ہے جس پر دونوں جانب سبز رنگ کے پردے لٹکے ہوئے ہیں۔

اچانک کمشنر صاحب پی. اے سے مخاطب ہوتے ہیں)

کمشنر : مسٹر چیلا رمانی! ذرا میئر صاحب کو فون کر کے پوچھیے کہ وہ اب کب آئیں گے؟

چیلا رمانی : جی، سر جی۔

(چیلا رمانی فوراً ٹیلی فون پر نمبر ڈائل کرتا ہے اور میئر صاحب سے بات کرتا ہے)

چیلا رمانی : بات یہ ہے سر جی کہ آپ نے کچرے کے شہر... سوری ... میرا مطلب ہے شہر کے کچرے کے بارے میں آپ نے آج ایک میٹنگ بلائی ہے۔ کون میں ...؟ میں آپ کا پی. اے چیلا رمانی بات کر رہا ہوں جی۔ جی ہاں ... جی سر جی ... سب لوگ آ گئے ہیں۔ کمشنر صاحب ہیں۔ (کمشنر سامعین کی طرف دیکھ کر 'ہیلو' کرتا ہے) کارپوریٹر شری تکارام گھانیکر ہیں (گھانیکر گردن ہلاتا ہے)، کارپوریٹر مسٹر پسٹن جی ہیں (پسٹن جی آڈینس کی جانب 'ہائے' کرتے ہیں) اور کارپوریٹر شری راما شیٹی (راما شیٹی ہاتھ ہلاتا ہے) کے علاوہ سوشل ورکر پریم چوپڑا اور سینئر سٹیزن شری کریم بھائی ہیں (کریم بھائی آڈینس کی طرف دیکھ کر آداب بجالاتے ہیں) سر! اگر آپ بھی اپنا قیمتی وقت نکال کر آ جائیں تو وڑی بڑی مہربانی ہوگی۔ جی سر جی ... جی ... جی ... یس سر جی ... ٹھیک ہے سر جی ... او کے سر جی ... تھینک یو سر جی ...

(چیلا رمانی فون رکھ کر رومال سے پسینا پونچھنے لگتا ہے)

کمشنر : کیوں؟ کیا کہا میئر صاحب نے؟

چیلا رمانی : میئر صاحب نے کہا ہے کہ وہ کبھی بھی، کسی وقت بھی آ سکتے ہیں۔ ان کی میٹنگ مت دیکھو، رستہ چالو کر دو ... میرا مطلب ہے ان کا راستہ مت دیکھو، میٹنگ چالو کر دو۔

کمشنر : ٹھیک ہے۔ تو ہم میٹنگ شروع کرتے ہیں۔ (چیلا رمانی سے مخاطب ہو کر) آپ تمام تجویزیں اور سجھاؤ نوٹ کرتے جائیے۔

چیلا رمانی : وڑی کمشنر صاحب! آپ لوگ بحث پر کچرا کرتے رہیے ... سوری ... میرا مطلب ہے کہ کچرے پر بحث کرتے رہیے، میں لکھتا رہوں گا۔ وڑی اپنا تو کام ہی یہی

ہے نی۔ تھوڑے کے کاغذ ... میرا مطلب ہے کاغذ کے گھوڑے دوڑانا۔ کریم بھائی! آپ لوگ صرف کاغذی گھوڑے دوڑاتے رہیے۔ ناؤ کاغذ کی چلاتے رہیے اور دوش ہواؤں پر لگاتے رہیے لیکن کچرے کی وجہ سے عوام کو جو پریشانی ہے، اسے دور مت کیجیے۔

سوشل ورکر: دنیا بارود کے ڈھیر پر بیٹھی ہوئی ہے اور ہمارا شہر کچرے کے ڈھیر پر ہے۔

کریم بھائی: اور یہ ڈھیر روز بروز بڑھتا جا رہا ہے۔ آخر اسے ہٹانے کے لیے آپ لوگ کیا کر رہے ہیں؟

کمشنر: یہی غور کرنے کے لیے تو میٹنگ بلائی گئی ہے۔ **(پھر کارپوریٹر تکارام سے مخاطب ہوکر)** مسٹر گھانیکر! آپ کے پاس کوئی حل ہے تو بتائیے۔

گھانیکر: **(کھڑے ہوکر ادھر سے ادھر ٹہلتے ہوئے کہتا ہے)** کمشنر صاحب! کائے کرائچا مالوم؟

کمشنر: ہاں، کیا کرنا ہے، بتاؤ۔

گھانیکر: رستے میں جتنا کھڈا ہے نا...؟

پسٹن جی: You mean potholes?

گھانیکر: ہو! اس کو کچرا سے بھر دینے کا۔

چیلا رمانی: **(چونک کر)** کیا؟ کچرا کو کھڈے سے بھر دینے کا؟ میرا مطلب ہے کھڈے کو کچرے سے بھر دینے کا؟

گھانیکر: کچرا بھی ہٹ جائیں گا اور کھڈا بھی بھر جائیں گا۔ اس میں کئی فائدہ ہے صاحب۔ ڈگر، کنکر اور ڈامر کا خرچ بچ جائیں گا۔

کمشنر: نہیں، یہ جوکھم کا کام ہے۔ پبلک بگڑ جائے گی۔

گھانیکر: یہ کام رات کو کرنے کا صاحب۔ کسی کو بھی پتا نہیں چلیں گا۔

کمشنر: کیسے پتا نہیں چلے گا؟ شہر کی پبلک رات بھر جاگتی ہے اور سب جانتی ہے اور اگر میڈیا کو پتا چل گیا تو لینے کے دینے پڑ جائیں گے۔ نہیں، نہیں... کوئی دوسری ترکیب سوچو۔

راما شیٹی: (یکبارگی اُچھل کر) ایو! ام نے سوچ لیا جی۔

کمشنر : ہاں بتائیے۔

راما شیٹی: اپُن کچرا سے بہت بڑا کام لے سکتا ہے جی۔

کمشنر : کیا کام لے سکتے ہیں؟

راما شیٹی: امارا بات دھیان سے سنو جی۔ امریکہ، رشیا اور فرانس نے ایٹم بم، نیپام بم اور ہائیڈروجن بم بنایا۔ بولو ہے کہ نہیں؟

کمشنر : ہاں، پھر۔

راما شیٹی: اپن لوگ بھی کچرا سے بم بنائیں گا جی۔

سب : (چیختے ہیں) کچرا بم!

(پسٹن جی اور گھانیکر لڑھک جاتے ہیں۔ چیلا رامانی انھیں سہارا دے کر ان کو سیٹ پر بٹھاتا ہے)

راما شیٹی: ایّو، چرا سوچو۔ اپن یہ کچرا بم دشمن کنٹری پر گرائیں گا تو کیا ہوئیں گا مالوم؟

کریم بھائی: کیا ہوگا؟

راما شیٹی: نوا نوا بیماری پھیلیں گا۔ اُدر کا پبلک پٹاپٹ مرنے لگے گا۔ اکھا ورلڈ میں اپن کا پاور بڑھ جائیں گا جی۔

چیلا رمانی: (اُچھل کر) وڑی کیا دھانسو آئیڈیا ہے۔ اس کو لکھوں سر جی؟

کمشنر : (ڈانٹتے ہوئے) شٹ اَپ! یہ آئیڈیا مجھے بالکل پسند نہیں ہے۔

راما شیٹی: کائیکو سر؟

گھانیکر: پن کشالا صاحب؟

کمشنر : کیونکہ یہ ہماری پالیسی کے خلاف ہے۔ ہم لوگ دنیا کو امن اور شانتی کا پیغام دیتے ہیں۔ بم پر پابندی لگانے کی بات کرتے ہیں۔ پھر ہم کیسے بم بنا سکتے ہیں؟

کریم بھائی: ویسے بھی آج کل بہت پھٹ رہے ہیں۔

پسٹن جی: اور بم بلاسٹ کا بات مت کرو۔ کچرا خلاص کرنے کا بات سوچو۔

سوشل ورکر: (**کمشنر سے مخاطب ہوکر**) سر! وہ جو آپ کے دو والینٹر رفیع جونیئر اور کشور جونیئر گلی گلی گھوم گھوم کر اور جھوم جھوم کر لوگوں کو صفائی کا سندیش دے رہے تھے، اس کا کیا نتیجہ نکلا؟

کمشنر : خوب یاد دلایا آپ نے۔ (**پھر پی.اے سے مخاطب ہوکر**) مسٹر چیلا رمانی! ذرا یہ تو پتا لگائیے کہ رفیع جونیئر اور کشور جونیئر اس وقت کہاں ہیں۔ انھیں فوراً بلائیے۔

چیلا رمانی: وڑی، ابھی ان لوگوں کو contact کر کے بتاتا ہوں کہ موبائل کہاں ہے۔ میرا مطلب ہے رفیع اور کشور جونیئر کہاں ہیں۔

(یہ کہہ کر چیلا رمانی اپنے موبائل پر نمبر ڈائل کرتا ہے اور کان پر رکھ کر ہیلو... ہیلو کہتا ہوا باہر چلا جاتا ہے)

کریم بھائی : (**ٹھنڈی سانس لے کر**) ہوتا ہے شب و روز تماشا میرے آگے۔ جسے دیکھو دنیا و مافیہا سے بے خبر، زمین پر نظر، کان پر ہاتھ دھرے گویا راگ الاپ رہا ہے۔ یہ دنیا جیسے جیسے ترقی کرے گی پتا نہیں کیسے کیسے تماشے دیکھنے کو ملیں گے۔

(اتنے میں چیلا رمانی داخل ہوتا ہے)

چیلا رمانی: سر جی۔ وہ لوگ اِدھر باجو میں ہی ہیں۔ ابھی دو منٹ میں آتا ہے۔

(تب اچانک پس منظر سے گانے کی آواز over lap ہوتی ہے ...''ہو کچرا مت پھینکو- ہو کچرا مت پھینکو- اور پھینکو تو پھینکو ڈبے کے اندر- دما دم مست قلندر- دما دم مست قلندر- دما دم مست قلندر'')

چیلا رمانی: (**ایک دم چہک کر**) یہ لو وڑی سائیں! آیا وہ لوگ! (**وہ نوجوان داخل ہوتے ہیں۔ ان کا لباس بنجاروں جیسا ہے۔ ایک کے ہاتھ میں چمٹا ہے اور دوسرے کے ہاتھ میں ڈفلی ہے۔ دونوں آتے ہی مجرا بجالاتے ہیں**)

رفیع جونیئر اور کشور جونیئر : (**ایک آواز میں**) دما دم صاب!

کمشنر : (**ان کے سلام کا جواب دیتے ہوئے**) دما دم! یہ بتاؤ تمھارے گانے کا کوئی اثر ہو رہا ہے یا نہیں؟

کشور : اثر تو ہو رہا ہے۔ مگر ایک پرابلم ہے، سر۔

کمشنر : کیسا پرابلم؟

کشور : لوگ ہماری جھولی میں سکے ڈالنے لگے ہیں۔

رفیع : پبلک نے ہمیں بھیک منگا سمجھ لیا ہے۔

(اتنے میں ایک سادھو داخل ہوتا ہے۔ گیروا جبہ ہے، لمبے گتھے ہوئے بال، گلے میں رُدراکش کی مالا، دائیں ہاتھ میں کمنڈل اور بائیں کندھے پر جھولا لٹکا ہوا ہے)

سادھو : **(بلند آواز میں)** بھیک منگا کون نہیں ہے اس جگ میں؟ کوئی نوٹوں کی، کوئی رحم کی بھیک مانگتا ہے، کوئی دھرم کی، کسی کو شیورلیٹ چاہیے تو کسی کو پوش فلیٹ۔

پسٹن جی : **(تعجب سے)** ارے ٹم ٹو انگلش بھی بولتا ہے۔ کیسا ساڈھو ہے ٹم؟

سادھو : ہم تو انٹرنیشنل فقیر ہیں۔ تمام زبانیں جانتے ہیں۔ **(روانی میں بولنے لگتا ہے)** اُردو، ہندی، مرہٹی، گجراتی، سندھی، تامل، تیلگو، کنڑ، ملیالم، انگریزی، جرمن، عربی، فارسی، فرانسیسی ...

کریم بھائی : بس بس بس ... کافی زبان دراز معلوم ہو مہاراج۔

کمشنر : یہ بتاؤ۔ یہاں کیوں آئے ہو؟

سادھو : **(رفیع جونیئر اور کشور جونیئر کی جانب اشارہ کرکے)** ان دو مرغوں کا پیچھا کرتا ہوا آیا ہوں۔

راما شیٹی : ایّو جاسوس!

سادھو : **(بگڑ کر)** خبردار، ہمیں جاسوس نہ کہنا۔ **(پھر اُداس ہوکر)** ہم تو مایوس ہیں آج کے حالات سے۔

کریم بھائی : مایوس ہو تو جنگل میں چلے جاؤ۔ بن باس لے لو۔ شہر میں کیا کر رہے ہو؟

سادھو : بن باس تو ہم لے لیتے مگر کیا کریں ... شری رام نے ہم سے پہلے ہی بن باس لے لیا۔ بولو شری رام چندر کی ...

(سب خاموش ہیں)

سادھو : ارے سب چپ ہیں۔

کمشنر : سادھو مہاراج! یہاں آپ کی سیاست نہیں چلے گی۔ چاہے آپ آندولن شروع کریں یا بھوک ہڑتال۔ حق بات کہیے ان دونوں کا پیچھا کیوں کر رہے تھے؟

سادھو : اپنا چیلا بنانے کے لیے کیونکہ یہ دونوں کارسیوک لگتے ہیں۔

کمشنر : یہ کارسیوک نہیں ... ہمارے رضا کار ہیں۔ والینٹرس ہیں جو گلی گلی گھوم کر لوگوں کو صفائی کا پیغام دیتے ہیں۔

سادھو : (آنکھیں پھاڑ کر) کیا کہا؟ یہ لوگ صفائی کا سندیسا دیتے ہیں؟ آخر یہ گھور پاپ کس لیے؟

کریم بھائی: کمال ہے۔ صفائی کا پیغام دینا گناہ ہے؟ گھور پاپ ہے کیا؟

سادھو : اَوَشیہ گھور پاپ ہے۔ ارے نادانو! بڑے بڑے رشی منیوں اور سادھوسنتوں نے دھول مٹی میں اپنا جیون گزار دیا اور تم اس دھول مٹی سے نفرت کرتے ہو؟ مہاتماؤں اور مہاپرشوں نے ستیہ کی تلاش میں جنگل بیابان کی خاک چھانی اور تم لوگ ہو کہ اسی خاک کو مٹانے کی کوشش کر رہے ہو؟

کریم بھائی: خاک نہیں ہٹے گی تو ہمارا شہر پاک کیسے ہوگا؟

سادھو : ارے مورکھو! یہ ماٹی کا تن ایک دن ماٹی میں مل جائے گا۔ تمھارا یہ گھمنڈ اور یہ ٹھاٹ سب خاک ہو جائے گا۔ اس لیے کہتا ہوں ”کچرمت ہٹاؤ اسے یونہی پڑا رہنے دو۔“

گھانیکر: پن کشا ساٹھی؟ کائیکو پڑا رہنے دو؟

سادھو : کیونکہ یہ ہمارے پرؤجوں کی پرمپرا ہے۔ ہمارے باپ دادا اسی کچرے میں پل کر جوان ہوئے تھے۔

پسٹن جی : !Nonsense (نان سینس) اس کا بھیجے میں کچرا بھریلا ہے۔

سادھو : ارے، منشیہ کے بھیجے میں تو جنم سے ہی کچرا بھرا ہے۔ کچرا کرنا تو اس کی فطرت ہے، اس کا پیدائشی حق ہے۔

سب : (ایک ساتھ ایک زبان) کیا کہا؟ کچرا پیدائشی حق ہے؟

سادھو : اوَ شیہ ! ننھے بالک کے ہاتھ میں اگر پستک تھما دی جائے تو کیا وہ اسے پڑھے گا؟

(تینوں کارپوریٹرس گھانیکر، شیٹی اور پسٹن جی اثبات میں گردن ہلا کر 'ہاں' کہتے ہیں)

سادھو : **(غصّے میں چیخ کر)** ہرگز نہیں !

(تینوں کارپوریٹرس اب جلدی جلدی نفی میں گردن ہلاتے ہیں)

سادھو : وہ پستک کو پڑھنے کے بجائے اس کے ٹکڑے ٹکڑے، پرزے پرزے کر دے گا۔ اس طرح کچرا کر کے بالک کی آتما کو شانتی ملتی ہے۔

تینوں کارپوریٹرس : **(ایک زبان ہوکر)** شانتی اوم شانتی !

سادھو : اور پھر دیکھنے جاؤ تو کچرے سے ہی کچہری بنی ہے جہاں بے ایمان، رشوت خور اور کام چور کرمچاری کچرے کی طرح بھرے پڑے ہیں۔

کمشنر : **(غصہ ہوکر)** بند کرو اپنی بکواس۔ تم جیسے جاہلوں نے کچرے کو اہمیت دے کر سماج کو گندہ کیا ہے۔

سادھو : **(غضب ناک انداز میں)** خبردار ! جاہل کہہ کر سادھو کا اَپمان مت کرو۔ شاید تمھیں معلوم نہیں ہے کہ سر پر دھول مٹی اور بھبھوت مل کر ہی گیان پراپت ہوتا ہے۔ اگر دھول مٹی نہ ہوتی تو گیان نہ ہوتا۔ گیان نہ ہوتا تو نروان نہ ہوتا، منشیہ مہمان نہ ہوتا۔

کریم بھائی: او مہان انسان ! دھول مٹی الگ چیز ہے اور کچرا الگ اور پھر رشی منی کچرے میں نہیں بیٹھتے تھے بلکہ اپنے مٹھوں کو جھاڑ پونچھ کر، لیپ پوت کر صاف رکھتے تھے۔ سمجھے شریمان !

کمشنر : اور تمھاری یہ جٹا، یہ جبہ اور یہ جھولا کس قدر گندہ ہے۔ کتنا میل بھرا ہے ان میں۔

پسٹن جی: **(اپنی ناک دبا کر)** چھی چھی ! اور کتنا بدبو آتا ہے اس میں سے۔ کتنا ڈِن سے نہیں نہایا تم؟

کریم بھائی : من کو صاف رکھنے کے لیے تن کی صفائی ضروری ہے مہاشے!

سب : (ایک زبان ہوکر) تن اُجلا تو من اُجلا!

سادھو : ہمارا من تو آئینے کی طرح صاف اور اُجوَل ہے۔ ہم اَنتریامی ہیں۔ ہمیں غصہ نہ دِلاؤ ورنہ شراپ دے کر تم سب کو بھسم کردیں گے۔

کمشنر : تم کیا بھسم کروگے ... گندگی میں رہتے رہتے خود تمھاری آتما بھسم ہو چکی ہے۔

کریم بھائی : اگر تم کچرے اور دھول مٹّی کو اتنا ہی اچھا سمجھتے ہو تو بتاؤ مندر، مسجد، گرجا گھر اور گرودواروں کو پاک و صاف کیوں رکھا جاتا ہے؟

(سادھو کوئی جواب نہیں دے پاتا)

کمشنر : **(اصرار کرتے ہوئے)** جواب دو۔

سادھو : **(کچھ دیر خاموش رہنے کے بعد سنجیدگی سے کہتا ہے)** آپ لوگوں نے بالکل صحیح کہا۔ واقعی سبھی پوجا استھان پاک اور پوتر ہوتے ہیں۔ کچرا تو میرے بھیجے میں بھرا ہوا تھا۔ آج صاف ہوگیا۔ سچ ہے تن اور من کو صاف اور اُجول رکھنے کے لیے ماحول کی صفائی اَتی آوشیک ہے ... اَتی آوشیک۔ بہت ضروری ہے ... بہت ضروری۔

(یہ کہتے ہوئے سادھو گردن جھکائے چلا جاتا ہے)

کریم بھائی : **(آشیرواد دینے کے انداز میں)** جاؤ بابا، خوش رہو۔

کمشنر : **(اسی انداز میں)** اور ہمیشہ صاف ستھرے رہو!

سوشل ورکر: چلیے صاحب، آپ نے اُس انٹرنیشنل فقیر کا بھیجا تو صاف کردیا۔ اب یہ بتائیے کہ شہر کا کچرا کیسے صاف ہوگا؟

کریم بھائی : یہ تو واقعی ٹیڑھی کھیر ہے۔ میڈیا اور اخبار والے بار بار سوال اُٹھا رہے ہیں۔ کچھ تو کرنا ہوگا۔ یوں ہاتھ پر ہاتھ رکھ کر بیٹھنے سے کچھ نہیں ہوگا۔

کمشنر : آپ ٹھیک کہتے ہیں۔ کچرا ہٹانے کے لیے کوئی نہ کوئی حل تو سوچنا ہوگا۔

سوشل ورکر: میرے پاس اس کا ایک حل ہے۔ ایک نوجوان ہے جو دعویٰ کرتا ہے کہ وہ تنہا

چٹکی بجا کر شہر کا پورا کچرا غائب کرسکتا ہے۔

پیسٹن جی: What nonsense! ...ایک اکیلا آدمی شہر کا کچرا کیسا صاف کرسکتا ہے؟

کریم بھائی: اور وہ بھی چٹکی بجا کر؟ ناممکن!

گھانیکر: یہ تو کوئی جادوگر ہوئیں گا۔

سوشل ورکر: جادوگر ہی سمجھیے۔ اس کے پاس ایک ایسی بنسی ہے جس کے بجاتے ہی تمام کچرا غائب ہوجاتا ہے۔

گھانیکر: واہ واہ! چمتکار آہے۔

کریم بھائی: یہ تو اسی بانسری والے کی کہانی معلوم ہوتا ہے جس نے بانسری بجا کر شہر کے تمام چوہوں کو بھگا دیا تھا۔

سوشل ورکر: بالکل صحیح فرمایا آپ نے۔ یہ نوجوان اسی بنسی والے کا پڑپوتا ہے۔

کمشنر: تو ٹھیک ہے۔ فوراً بلا لیجیے اسے۔ بات کرکے دیکھتے ہیں۔

سوشل ورکر: (چٹکی بجا کر) بس یوں گیا اور یوں آیا۔

(سوشل ورکر چلا جاتا ہے)

کریم بھائی: لیجیے یہ بھی چٹکی بجا کر بات کرتا ہے۔ نرالا سوشل ورکر ہے۔

کمشنر: اپنے اپنے طریقے ہیں۔ کوئی چٹکی بجاتا ہے کوئی بنسی۔

راما شیٹی: ایّو، خالی بنسی بجانے سے کچرا صاف ہوئیں گا جی؟

رفیع: کیوں نہیں صاف ہوسکتا؟ جب تان سین اپنی سنگیت سے دِیا جلا سکتا ہے...

کشور: اور بیجو باورا پتھر کو پگھلا سکتا ہے تو بنسی والا بنسی بجا کر کچرا کیوں نہیں ہٹا سکتا؟

کریم بھائی: ٹھیک ہے شریمان۔ کوشش کرکے دیکھنے میں کیا ہے نقصان۔

پسٹن جی: ٹرائی تو کرنے کو منگتا۔

(اتنے میں سوشل ورکر بنسی والے کے ساتھ داخل ہوتا ہے۔ بنسی والے کا لباس اساطیری کردار 'رابن ہڈ' جیسا ہے۔ چوڑی دار پاجامہ، پھول دار بڑے گھیرے والا کرتا، سرخ جیکٹ، سر پر زرد رنگ کا عمامہ اور عمامے کے اوپر ایک نیلے رنگ کا پَر

(پرندے کا) اڑسا ہوا ہے۔ ہاتھ میں ایک بڑی سی بانسری (تقریباً ڈیڑھ فٹ کی) ہے)

سوشل ورکر : یہ لیجیے، آ گیا بنسی والا۔

(بانسری والا جھک کر آداب بجا لاتا ہے)

کمشنر : ہاں تو بنسی لال!

بنسی والا: بنسی لال نہیں۔ مرلی دھر ہے میرا نام۔

کمشنر : بنسی ہو یا مرلی ... ایک ہی بات ہے۔ سنا ہے تم بانسری بجا کر شہر سے کچرا ہٹا دیتے ہو؟

مرلی دھر : جی صاحب۔ کچرا کیا... میں تو غریبی اور کرپشن بھی ہٹا سکتا ہوں۔

کمشنر : دیکھو بھائی، غریبی ہٹنے والی ہے نہ کرپشن۔ ہٹا سکتے ہو تو کچرا ہٹاؤ۔

مرلی دھر: ٹھیک ہے، ہٹا دوں گا سب کچرا۔ **(فرداً فرداً تمام کارپوریٹرس کی طرف دیکھ کر)** ایک بھی نہیں بچے گا۔

پستن جی: **(گھبرا کر)** کیا بولا ڈِکرا؟ ایک بھی نہیں بچیں گا؟ ٹم ہم کو بھی ہٹانے کو منگتا ہے کیا؟

مرلی دھر: **(جلدی سے)** نہیں، نہیں، میرا مطلب ہے ایک بھی کچرا نہیں بچے گا۔

پستن جی: تو ایسا بولو نی ڈِکرا۔ ہم کتنا ڈر گیا تھا مالوم؟

کمشنر : اچھا، یہ بتاؤ تم کس طرح یہ سب کرو گے؟

مرلی دھر: سب سے پہلے آپ کو شہر میں کرفیو لگانا پڑے گا۔

گھانیکر: ہو... کرفیو کشا ساٹھی؟ کرفیو کائیکو لگانے کا؟ خالی اناؤنس کریں گا کہ لپھڑا ہونے والا ہے تو پبلک خود باہر نہیں نکلیں گا۔

مرلی دھر: بس میں یہ چاہتا ہوں کہ کوئی بھی آدمی گھر سے باہر نہ نکلے۔

کمشنر : کیوں؟

مرلی دھر: کیونکہ بنسی بجاتے ہی ایک زبردست طوفان اُٹھے گا اور اس طوفان میں شہر کا نام کچرا بگولا بن کر اُڑ جائے گا۔

گھانیکر: اُڑون کٹھے جانار؟ سمندر مدھی؟

مرلی دھر: نہیں **(پھرآسمان کی طرف اشارہ کرکے)** اُنتر کش میں۔

پسٹن جی: You mean اسپیس میں۔

کریم بھائی: خلا میں؟

مرلی دھر: جی ہاں۔

راما شیٹی: ایّو، دھرتی پر تو کچرا کیا، ابھی اسپیس میں بھی گھان کرنے کو منگتا۔

پسٹن جی: ایلین (Alien) لوگ ہم کو چھوڑیں گا نہیں۔

گھانیکر: ایلین مھنجے؟

کریم بھائی: خلائی مخلوق۔

گھانیکر: **(کچھ نہ سمجھتے ہوئے)** مھنجے؟

کمشنر: یعنی اُنتر کش میں رہنے والے لوگ **(پھر مرلی دھر سے مخاطب ہوکر)** خیر، یہ بتائیے اس کام کے کتنے روپے لوگے؟

مرلی دھر: پورے پچاس ہزار!

کریم بھائی: بہت بڑی بولی لگا رہے ہو میاں۔

مرلی دھر: کام بھی تو بڑا ہے۔

کمشنر: چلو، ہمیں منظور ہے۔ تم کام شروع کردو۔

مرلی دھر: تو لائیے پیشگی۔

کمشنر: پہلے کام پھر دام۔

مرلی دھر: پہلے پیسا دو تو بنسی بجاؤں گا۔

کمشنر: نہیں۔ پہلے بانسری بجاؤ پھر پیسا ملے گا۔

مرلی دھر: نہیں۔ پہلے پیسا۔

کمشنر: پہلے بانسری۔

مرلی دھر: پہلے پیسا۔

کمشنر : پہلے ہاں...سو...ری!

(تب اچانک سادھو دوبارہ داخل ہوتا ہے۔ اس دفعہ اس کے ہاتھ میں کمنڈل اور جھولا نہیں ہے)

سادھو : (آتے ہی) بند کرو یہ تماشا۔

کریم بھائی: (حیرت سے) ارے یہ سادھو پھر آن ٹپکا۔

(سادھو اپنا جبہ اور بالوں کی وِگ اُتار پھینکتا ہے۔ اب وہ سفاری سوٹ میں ہے)

کمشنر : (بوکھلا کر) میئر صاحب، آپ؟

(میئر کو دیکھتے ہی سوشل ورکر اور مرلی دھر چپکے سے باہر نکل جاتے ہیں)

میئر : جی ہاں۔ ابھی تھوڑی دیر پہلے میں یہاں آیا تھا تو آپ لوگ صحیح سمت میں جارہے تھے لیکن جب مجھے احساس ہوا کہ گاڑی پٹری سے اُتر رہی ہے اور کچھ فریبی لوگ آپ سب کو گمراہ کررہے ہیں تو مجھ سے رہا نہ گیا۔

کریم بھائی: کون ہیں وہ فریبی لوگ۔

میئر : یہی آپ کے سوشل ورکر اور مرلی دھر۔ ارے! یہ دونوں غائب ہوگئے۔

کریم بھائی: باطل کو تو جانا ہی تھا لیکن اچھا ہوا جو آپ وقت پر آگئے ورنہ پچاس ہزار کا چوٗنا لگ جاتا۔

میئر : بانسری بجانے یا جادو کی لکڑی گھمانے یا شعبدہ بازی سے کوئی مسئلہ حل نہیں ہوتا۔ اصلی جادو اور چمکتار تو محنت میں ہے۔ آپسی تعاون میں، مل جل کر کام کرنے میں ہے۔ ہمارے شہر کی آبادی ایک کروڑ سے زیادہ ہے اور اتنی بڑی آبادی کے لیے میونسپلٹی کے صفائی مزدور اور کرمچاری کافی نہیں ہیں۔ اگر ہم صفائی مزدوروں کا ساتھ دیں تو بڑی آسانی سے شہر کا کچرا صاف ہوسکتا ہے۔

کریم بھائی: ہم کس طرح اُن کی مدد کرسکتے ہیں؟ ان کا ہاتھ بٹا سکتے ہیں؟

میئر : بہت آسان ہے۔ آپ کے محلے میں جتنی بھی چال کمیٹیاں ہیں نا...وہ سب مل کر اپنی اپنی عمارت یا چال میں صفائی دستہ بنائیں جو آس پاس کے علاقوں کے

لوگوں کو صفائی اور ماحول کو صاف ستھرا رکھنے کی ترغیب دے گا۔ اس طرح ہم بیماریوں سے بھی بچیں گے اور صفائی مزدوروں کی مدد بھی ہوجائے گی۔

کریم بھائی : آپ نے بہت اچھی بات کہی۔ ہمیں ان کی ضرور مدد کرنی چاہیے کیونکہ وہ بھی انسان ہیں، ہمارے بھائی ہیں۔

کمشنر : جناب میئر صاحب! ایک چھوٹی سی درخواست ہے آپ سے۔

میئر : ہاں کہیے۔

کمشنر : آپ میونسپل کارپوریشن کی میٹنگ میں یہ تجویز پاس کرائیے کہ جو محلّہ یا عمارت سب سے زیادہ صاف ہو اسے تعریفی سرٹیفکیٹ اور نقد رقم انعام میں دی جائے۔

میئر : بہت اچھی تجویز ہے لیکن اسے کارپوریشن کی میٹنگ میں پاس کرانے کی ضرورت نہیں ہے۔ یہ انعام تو ہم خود دیں گے ... اپنی جیب سے۔

(تمام حاضرین تالی بجا کر میئر صاحب کی پیشکش کو سراہتے ہیں)

چیلا رمانی : **(خوشی اور جوش میں اُچھل کر)** جے ہو جھولے لال کی! تب تو ہمارا چاند سورج شہر کی طرح ... میرا مطلب ہے ہمارا شہر چاند سورج کی طرح چمک اُٹھے گا۔ **(پھر آڈینس کو مخاطب کر کے)** یہ بات آپ لوگ بھی نوٹ کر لیجیے۔

(رفیع جونیئر اور کشور جونیئر دفلی بجا کر گانے لگتے ہیں۔ "ہو کچرا مت پھینکو۔ کچرا مت پھینکو۔ اور پھینکو تو پھینکو ڈبے کے اندر ... دما دم مست قلندر۔ دما دم مست قلندر)

(پردہ گرتا ہے)

عید کا تحفہ

وکیل نجیب

کردار: نجمہ (چوتھی جماعت کی طالبہ) | اقبال صاحب (نجمہ کے والد) بیگم اقبال (نجمہ کی والدہ) | جبار (رِکشا ڈرائیور) | مہرون (جبار کی بیوی) | رضیہ (ملازمہ)

منظر : ڈرائنگ روم، جس میں چند کرسیاں رکھی ہوئی ہیں اور صوفہ بچھا ہوا ہے۔ بیچ میں ایک چھوٹی میز ہے۔ سائیڈ میں ایک الماری ہے۔ ایک دروازہ باہر کھلتا ہے۔ دوسرا اندر کے کمرے میں۔ دیوار پر گھڑی لگی ہوئی ہے جس میں شام کے ۵:۳۰ بجے ہیں۔

(پردہ اُٹھتا ہے تو بیرونی دروازے سے اقبال صاحب ڈرائنگ روم میں داخل ہوتے ہیں۔ چہرے پر تھکن کے آثار ہیں۔ صوفے پر بیٹھ جاتے ہیں اور اندر کھلنے والے دروازے کی طرف منہ کرکے آواز لگاتے ہیں)

اقبال صاحب : ارے بھئی، ادھر ہے کوئی کمرے میں؟

(نجمہ اندر کے کمرے سے دوڑتی ہوئی آتی ہے اور اقبال صاحب کے سامنے آ کر کھڑی ہو جاتی ہے)

نجمہ : ابو جی، آداب۔

اقبال صاحب : آداب بیٹی، آداب۔ کہو آج تم اسکول میں کیا پڑھا؟

نجمہ : **(گا کر سناتی ہے)** آتا ہے یاد مجھ کو گزرا ہوا زمانہ

وہ جھاڑیاں چمن کی وہ میرا آشیانہ

اقبال صاحب : واہ وا، تمھیں تو نظم یاد بھی ہوگئی اور طرز بھی اچھی ہے۔

نجمہ : جی ہاں۔ ابو جی، میرا اسبق ختم ہوگیا تھا تو صابرہ نے مجھ سے کہا تھا کہ باجی کل یہی نظم پڑھائیں گی۔ اس نے مجھے یہ نظم بہت اچھی طرح یاد کروا دی تھی اور طرز بھی سکھا دی تھی۔ آج میں نے کلاس میں گا کر سنائی تو باجی نے میری بہت تعریف کی اور مجھے شاباشی بھی دی۔

اقبال صاحب : واہ واہ! یہ تو بڑی خوشی کی بات ہے۔

نجمہ : ابو جی، صابرہ پڑھنے میں بہت ہوشیار ہے اور اس کی رائٹنگ بھی بہت اچھی ہے۔ اس سال پھر وہ کلاس میں اوّل آئی تھی۔

اقبال صاحب : اور تم تو اپنی کلاس میں ساتویں نمبر پر تھیں۔ تم بھی محنت سے پڑھو۔

نجمہ : جی ہاں۔ ابو جی! اب میں صابرہ کے ساتھ روز شام کو پڑھتی ہوں۔ وہ مجھے ہر چیز اچھی طرح سمجھا دیتی ہے۔

اقبال صاحب : اچھا۔ دیکھو، تم بار بار ان کے گھر نہ جایا کرو بلکہ شام کے وقت اسے یہیں بلوا لیا کرو اور ساتھ میں مل کر پڑھا کرو۔

نجمہ : جی بہت اچھا۔

اقبال صاحب : اچھا، یہ تو بتاؤ آج تم نے روزہ رکھا یا نہیں؟

نجمہ : امّی نے مجھے سحری کے وقت جگایا ہی نہیں۔ آج میرا روزہ چھوٹ گیا اور ابو جی آج صابرہ کا بھی روزہ چھوٹ گیا۔

اقبال صاحب : کیوں؟ آج اس کا روزہ کیسے چھوٹ گیا؟

نجمہ : ابو جی، صابرہ کے ابّا نے اس کی امّاں سے خوب جھگڑا کیا کیونکہ ان کے گھر میں کچھ نہیں پکا تھا۔ امی جان نے افطار کے لیے کچھ چیزیں ان کے گھر میں بھجوائی تھیں۔ اسی سے انھوں نے روزہ افطار کیا۔ سحری کے لیے کچھ تھا نہیں، اس لیے صابرہ کی امّی نے اسے جگایا نہیں اور اس طرح آج اس کا ایک روزہ چھوٹ گیا۔ ابو جی، صابرہ کے ابّا بہت خراب آدمی ہیں۔ صابرہ

کی امّاں سے لڑتے ہیں۔ پیسے بھی نہیں دیتے۔ شراب پی کر آتے ہیں اور شور مچاتے ہیں۔

اقبال صاحب : اس کے ابّا کو شراب پینے اور جوا کھیلنے کی لت ہے۔ رکشا چلا کر جتنی کمائی لاتے ہیں سب اسی میں گنوا دیتے ہیں۔ شراب بہت بری چیز ہے۔ یہ انسان کو برباد کر دیتی ہے۔ ہنستے کھیلتے گھروں کو اُجاڑ دیتی ہے۔

نجمہ : ابو جی، ان کے گھر میں ابھی تک کسی کے کپڑے بھی نہیں آئے ہیں۔

اقبال صاحب : بیٹی، ابھی تو دس دن باقی ہیں عید میں۔ اس کے ابا کچھ نہ کچھ انتظام کریں گے لیکن دیکھو، روز روز تم ان کے گھر نہ جایا کرو بلکہ پڑھنے کے لیے صابرہ کو یہیں بلوا لیا کرو۔ اچھا، جاؤ، دیکھو تمھاری امّی کیا کر رہی ہیں۔ ان سے کہو کہ میں آ گیا ہوں۔

نجمہ : ابو جی، امی کچن میں کھانا پکا رہی ہیں۔

اقبال صاحب : اچھا۔ اب تم جاؤ۔ مجھے ذرا آرام کرنے دو۔ میں بہت تھک گیا ہوں۔

نجمہ : ابو جی، میں نے ... **(کچھ کہنا چاہتی ہے)**

اقبال صاحب : **(اسے روکتے ہوئے)** نجمہ، بھئی اب جاؤ۔ امّی کا ہاتھ بٹاؤ۔ مجھے آرام کرنے دو۔

(نجمہ اندر کے کمرے میں چلی جاتی ہے۔ اقبال صاحب ایک رسالہ اُٹھا کر دیکھتے ہیں۔ تھوڑے وقفے کے بعد بیگم اقبال کمرے میں داخل ہوتی ہیں)

بیگم اقبال : **(قریب پہنچ کر)** ارے بھئی، وہ چائنا سلک کا پیس دِکھائی نہیں دے رہا ہے جو آپ نجمہ کے فراک اور شلوار کے لیے لائے تھے۔

اقبال صاحب : **(تعجب سے)** کہاں رکھا تھا تم نے؟

بیگم اقبال : وہیں الماری میں، سب کپڑوں کے ساتھ رکھا تھا۔ سب کپڑے موجود ہیں اور وہی کپڑا دِکھائی نہیں دے رہا ہے۔

اقبال صاحب : ارے بھئی، ذرا اچھی طرح تلاش کرو۔ کہیں رکھ کر بھول گئی ہوں گی۔

بیگم اقبال : میں نے ہر جگہ دیکھ لیا لیکن کہیں نہیں ملا۔ اب ذرا آپ اپنی اس الماری (الماری کی طرف اشارہ کرکے) میں دیکھ لیجیے، کہیں اس میں تو نہیں رہ گیا؟

(اقبال صاحب اُٹھ کر الماری کھولتے ہیں۔ بغور دیکھتے ہیں مگر کپڑا نہیں ملتا)

اقبال صاحب : اس میں بھی نہیں ہے۔ نجمہ نے تو کہیں اِدھر اُدھر نہیں کر دیا؟ اس سے پوچھا تم نے؟

بیگم اقبال : نہیں۔ اس سے تو نہیں پوچھا۔

اقبال صاحب : بلاؤ اس کو۔ کہاں ہے وہ؟ **(آواز دیتے ہیں)**

نجمہ : جی، ابو جی۔

اقبال صاحب : وہ فیروزی رنگ کا کپڑا تم نے کہیں رکھا ہے؟

(نجمہ کے چہرے پر سراسیمگی اور خوف کے تاثرات اُبھرتے ہیں۔ منہ سے کچھ نہیں کہتی، نظریں جھکاتی ہیں)

بیگم اقبال : بتاؤ نا۔ کپڑا کہاں رکھا تم نے؟

(نجمہ پھر بھی خاموش رہتی ہے)

اقبال صاحب : **(ڈانٹتے ہوئے)** بتاتی کیوں نہیں؟ کپڑے کا کیا کیا تم نے؟

(نجمہ رونے لگتی ہے اور روتے روتے کہتی ہے)

نجمہ : ابو جی ... میں نے ... وہ کپڑا ... صابرہ کو دے دیا۔ صابرہ کے لیے ابھی تک عید کے کپڑے نہیں آئے ہیں۔ میرا ایک جوڑا تو پہلے ہی سِل چکا ہے اس لیے میں نے وہ کپڑا صابرہ کو دے دیا۔

اقبال صاحب : کیا صابرہ نے تم سے کپڑا مانگا تھا؟

نجمہ : نہیں، ابو جی۔ وہ تو لے ہی نہیں رہی تھی۔ میں نے اس کے بستے میں کپڑا رکھ دیا اور گھر چلی آئی۔

بیگم اقبال : تم دوسروں کی خاطر چوری کروگی؟ ان کے گھر میں کھانے کو نہ ہوگا تو گھر کی چیزیں لے جا کر انھیں دے دوگی؟ جاؤ، اس سے کپڑا مانگ کر لاؤ۔ معلوم ہے کتنا قیمتی کپڑا ہے وہ؟

(نجمہ اپنی جگہ روتی کھڑی رہتی ہے)

اقبال صاحب : دیکھو بیٹی۔ اس طرح بغیر اجازت گھر سے کوئی چیز نہیں لے جانا چاہیے۔ اچھا جاؤ اور صابرہ سے کپڑا مانگ کر لے آؤ۔ ہم اس کے لیے دوسرا کپڑا دیں گے۔

(نجمہ سسکتی رہتی ہے لیکن جاتی نہیں۔ اتنے میں ملازمہ کمرے میں آتی ہے)

رضیہ : آپا، صابرہ کی والدہ آئی ہیں۔ آپ کو پوچھ رہی ہیں۔

بیگم اقبال : اچھا۔ انھیں بھیج دو۔

(صابرہ کی والدہ کمرے میں داخل ہوتی ہے۔ ہاتھ میں وہی کپڑا ہے)

مہرون : آداب بھائی صاحب... آداب آپا۔

بیگم اقبال : آداب۔ کیوں مہرون... کیا بات ہے؟

مہرون : آپا، دیکھیے۔ یہ کپڑا نجمہ نے صابرہ کے بستے میں رکھ دیا تھا اور چلی آئی تھی۔ مجھے معلوم ہوا تو میں واپس کرنے چلی آئی۔

(مہرون کپڑا بیگم اقبال کو دیتی ہے۔ بیگم اقبال معنی خیز نظروں سے اقبال کی طرف دیکھتی ہیں۔ پھر نجمہ کو دیکھتی ہیں جو ابھی تک سسک رہی ہے۔ اس کے بعد مہرون سے کہتی ہیں)

بیگم اقبال : مہرون! یہ کپڑا تم رکھ لو اور اس سے صابرہ کے لیے فراک شلوار سی دینا۔

مہرون : نہیں آپا نہیں۔ اسی طرح ہم لوگوں کا دیا کھاتے اور پہنتے رہے تو ان کی عادتیں اور بگڑ جائیں گی۔ میں اب بھوکی مر جاؤں گی لیکن کسی کا دیا ہوا نہ تو خود کھاؤں گی نہ ہی بچوں کو کھلاؤں گی۔ دیکھوں ہمارے مقدر میں ابھی اور کتنے دُکھ لکھے ہوئے ہیں۔ **(مہرون کی آنکھوں میں آنسو آجاتے ہیں اور وہ وہاں سے چلی جاتی ہے)**

نجمہ : (روتے ہوئے) امّی ! آپ نے ان سے کپڑا کیوں لیا؟ میں نہیں سلواؤں گی۔ یہ کپڑا صابرہ کو دے دیجیے۔

اقبال صاحب : ٹھیک ہے۔ ہم اسے دے دیں گے۔ تم اب رونا بند کردو۔ **(ملازمہ کو آواز دیتے ہیں)** رضیہ! ذرا اِدھر آؤ۔

(رضیہ آتی ہے)

رضیہ : جی بھائی جان۔

اقبال صاحب : دیکھو، صابرہ کے والد ہوں تو انھیں بلا کر لاؤ۔ میرا نام بتانا۔ کہنا ابھی بلائے ہیں۔

رضیہ : جی اچھا۔

(ملازمہ چلی جاتی ہے۔ بیگم نجمہ کو لے کر اندر کے کمرے میں چلی جاتی ہیں۔ تھوڑی دیر میں جبار کمرے میں داخل ہوتا ہے)

جبار : السلام علیکم بھائی صاحب۔

اقبال صاحب : وعلیکم السلام **(کرسی کی طرف اشارہ کرکے)** جبار میاں، آؤ بیٹھو۔ **(جبار کرسی پر بیٹھ جاتا ہے)** کہو، خیریت ہے؟

جبار : جی ہاں بھائی صاحب۔ اللہ کا کرم ہے۔

اقبال صاحب : کیسا چل رہا ہے تمھارا رِکشا؟

جبار : بس ٹھیک ہی ہے بھائی صاحب۔ معمولی آمدنی ہورہی ہے۔

اقبال صاحب : اور ان روپوں کا کیا کرتے ہو؟

جبار : **(ہکلاتے لہجے میں)** وہ... بھائی صاحب... گھر کے اخراجات وغیرہ۔

اقبال صاحب : **(لہجے میں زور پیدا کرکے)** جھوٹ بولتے ہو تم۔ گھر کا خرچ تم چلاتے ہو یا چھوڑ دیا ہے تم نے اپنے بیوی بچوں کو لاوارث کی طرح۔ تمھیں شرم آنی چاہیے۔ جبار میاں! اپنے گاڑھے پسینے کی کمائی سٹّے اور شراب میں ضائع کردیتے ہو اور چھوٹے بچے بھوک سے بلکتے رہتے ہیں۔ تمھارے گھر میں سحری اور افکار تک کا سامان نہیں ہوتا اور تم کہتے ہو کہ تم گھر کا خرچ چلا رہے ہو۔ ارے، جب تم سے نہیں ہوتا تو چھوڑ دو بیوی کو سڑکوں پر بھیک

مانگنے کے لیے۔

جبار : بھائی صاحب، میں شرمندہ...

اقبال صاحب : (بات کاٹ کر) کیا میں نے اسی لیے تم کو بینک سے رِکشا دِلوایا تھا کہ تم اس کی کمائی جوے اور شراب میں اُڑاتے رہو۔ تم اپنے ساتھ ان کی زندگی بھی برباد کر رہے ہو۔ اپنے ان بے ہودہ کاموں کے سامنے تمھیں ان کی بھوک اور پیاس کا خیال نہیں۔ ان کے کپڑے لتے کا خیال نہیں۔ کس کام کی ایسی زندگی؟

جبار : بھائی صاحب، واقعی مجھ سے بھول ہوگئی۔ میں کوشش...

اقبال صاحب : کوشش نہیں۔ تمھیں یہ سب چھوڑنا ہوگا۔ ہمیشہ کے لیے **(تھوڑے ٹھنڈے لہجے میں)** ذرا سوچو تو سہی، عید آ رہی ہے۔ محلے پڑوس کے سارے بچے نئے نئے کپڑے پہن کر گھومیں گے پھریں گے اور تمھارے بچے پرانے کپڑے پہنیں گے۔ کیا تمھیں اچھا لگے گا؟ کیا حاصل ہوتا ہے شراب پینے سے؟ اچھی بھلی زندگی برباد ہو جاتی ہے۔ شراب کی وجہ سے تو نوابوں کی نوابی نہیں رہی تو تمھاری کیا اوقات ہے۔ اب بھی کچھ نہیں بگڑا ہے۔ چھوڑ دو سب کام اور اطمینان سے بیوی بچوں کے ساتھ زندگی گزارو۔

جبار : آپ نے میری آنکھیں کھول دیں، بھائی صاحب! میں ابھی تک اندھیرے میں تھا۔ آپ نے مجھے روشنی دِکھائی۔ میں بھٹک گیا تھا، آپ نے مجھے صحیح راستہ دِکھایا۔ میں خدا کی قسم کھا کر کہتا ہوں کہ میں آج کے بعد کبھی شراب نہیں پیوں گا۔ اگر اب میں نے کبھی پی تو آپ مجھے اپنی کھولی سے نکال باہر کرنا۔ بھائی صاحب! میں آپ کے احسانات کو بھول نہیں سکتا۔ اچھا، میں چلتا ہوں۔ مجھے کام پر جانا ہے۔

(اتنا کہہ کر وہ کرسی سے اُٹھ جاتا ہے)

اقبال صاحب : (کپڑا اسے دیتے ہوئے) دیکھو، یہ کپڑا نجمہ نے صابرہ کے لیے خریدا تھا۔

صابرہ کی امّی اسے واپس کر گئی ہیں۔ اسے رکھ لو۔ اس کا شلوار فراک صابرہ کے لیے سلوا دینا۔ نہیں تو نجمہ رو رو کر پورا گھر سر پر اُٹھا لے گی۔

جبار : میں یہ کپڑا نہیں لوں گا۔ میں خود محنت کروں گا، رات دن کام کروں گا اور اپنے تمام بچوں کو ایسا ہی کپڑا سلواؤں گا... یہ میرا عہد ہے۔

اقبال صاحب : ٹھیک ہے، سلوا دینا۔ یہ تو بڑی خوشی کی بات ہوگی۔ لیکن یہ چھوٹی بہن نجمہ کی طرف سے بڑی بہن صابرہ کے لیے عید کا تحفہ ہے۔ اسے مت ٹھکراؤ، نہیں تو نجمہ کا دل ٹوٹ جائے گا۔

جبار : (کپڑا لے لیتا ہے) بھائی صاحب، اب میں چلتا ہوں۔ مجھے کام پر جانا ہے۔ آپ کا بہت بہت شکریہ۔ آپ نے مجھے تباہ ہونے سے بچا لیا۔ خدا حافظ!

(جبار کمرے سے باہر چلا جاتا ہے۔ نجمہ اور اس کی امّی مسکراتے ہوئے کمرے میں داخل ہوتی ہیں)

(پردہ گرتا ہے)

ایک کے تین

بانو سرتاج

کردار : راوی | بھرتو | چار ٹھگ | تین نوجوان

(اسٹیج پر اندھیرا ہے۔ لائٹ کا فوکس راوی پر ہے)

راوی : بہت دن ہوئے، ایک گاؤں میں بھرتو نامی کسان رہتا تھا۔ وہ بھولا بھالا اور ایمان دار تھا۔ ایک مرتبہ سخت قحط پڑا۔ جانور تو جانور، آدمیوں کے بھی کھانے کے لالے پڑ گئے۔ کسانوں نے جانوروں سے چھٹکارا حاصل کرنے کے لیے انھیں فروخت کرنا شروع کر دیا۔ بھرتو کسان کا ایک بیل چارا نہ ملنے سے مر گیا تو اُس نے دوسرا بیل فروخت کر دینے کا ارادہ کیا اور بیل لے کر جانوروں کے بازار کی طرف چلا۔

(فوکس ہٹ جاتا ہے۔ اسٹیج پر ہلکی روشنی۔ جنگل کا راستہ۔ بھرتو اپنے بیل کے ساتھ اسٹیج پر بائیں طرف سے داخل ہوتا ہے۔ [دو لڑکے جسم پر چادر اوڑھ کر بیل بنیں گے۔ سامنے والے لڑکے کے منہ پر بیل کا مکھوٹا ہوگا] بھرتو اپنے بیل کے ساتھ اسٹیج پر دو تین چکر لگاتا ہے۔ پھر دائیں طرف سے باہر چلا جاتا ہے۔ لائٹ کا فوکس پھر راوی پر آ جاتا ہے)

راوی : دنیا میں سبھی طرح کے لوگ ہوتے ہیں ... اچھے، برے، چور، ٹھگ ... ہر قسم کے۔ بھرتو کے پیچھے بھی ٹھگ لگ گئے۔ آیئے دیکھیں، بھرتو کے ساتھ کیا حالات پیش آتے ہیں۔

(لائٹ کا فوکس ہٹ جاتا ہے۔ اسٹیج پر روشنی ہو جاتی ہے۔ بھرتو بائیں طرف سے بیل کے ساتھ داخل ہوتا ہے۔ مخالف سمت سے ایک ٹھگ آتا ہے)

ٹھگ : (رُک کر بھرتو سے) کیوں بھائی، بیل بکاؤ ہے؟ ہے تو بیل بوڑھا مگر ہماری ہلکی گاڑی گھسیٹ ہی لے گا۔

بھرتو : بیل بکاؤ تو ہے مگر (رُک کر ذرا خفگی سے) مگر تم نے اسے بوڑھا کیوں کہا؟ یہ جوان بیل ہے۔ ہلکی گاڑی کو اکیلا کھینچ سکتا ہے۔

ٹھگ : کتنے میں بیچو گے؟

بھرتو : پورے سو روپے میں۔ قحط کے دن نہ ہوتے تو پانچ سو میں بیچتا۔

ٹھگ : میں دس روپے دوں گا۔ بولو، منظر ہے؟ بوڑھے بیل کے دس روپے کم نہیں ہیں۔ قحط کے دنوں میں یہ بہت بڑی رقم ہے۔

بھرتو : (اپنے غصّے پر قابو پاتے ہوئے) دس روپے! نہیں۔ مجھے نہیں بیچنا۔

(بائیں طرف سے بیل کو لے کر نکل جاتا ہے۔ ٹھگ دائیں طرف سے جاتا ہے۔ دائیں طرف سے بھرتو بیل کے ساتھ آتا ہے۔ سامنے سے دوسرا ٹھگ آتا ہے)

دوسرا ٹھگ : کیوں بھلی، بوڑھا بیل بکاؤ ہے کیا؟

بھرتو : بیل بکاؤ ہے مگر اسے بوڑھا نہ کہو۔

دوسرا ٹھگ : بوڑھے کو بوڑھا ہی کہا جائے گا۔ نئے رسّے میں باندھنے سے بوڑھا بیل جوان تھوڑے ہی ہو جاتا ہے۔ بولو، کتنے میں دو گے؟

بھرتو : **(بیل پر ہاتھ پھیر کر)** سو روپے میں۔ لینا ہو تو لو ورنہ راستہ ناپو۔

دوسرا ٹھگ : میں پانچ روپے دوں گا۔ دینا ہے تو دو ورنہ اس کا رسّہ ہاتھ میں لیے گھومتے رہو۔ پانچ روپے سے زیادہ کوئی نہیں دینے والا۔ **(جاتا ہے)**

بھرتو : **(بیل کو غور سے دیکھ کر)** اچھا خاصا جوان بیل ہے۔ راستہ چلتے بوڑھا تھوڑے ہی ہو گیا... نہ جانے کیوں سب اسے بوڑھا کہہ رہے ہیں۔

(آگے بڑھتا ہے۔ تیسرا ٹھگ آتا ہے)

تیسرا ٹھگ : کیوں بھائی، بوڑھا بیل بکاؤ ہے کیا؟

بھرتو : **(چڑ کر)** جوان بیل تمھیں بوڑھا نظر آتا ہے! آنکھیں خراب ہو گئی ہیں کیا؟

تیسرا ٹھگ : میری آنکھیں تو ٹھیک ہیں ...شاید تمھاری آنکھوں میں راستے کی گرد بھر گئی ہے۔ (اشارہ کرکے) وہ ادھر کنواں نظر آرہا ہے؟ آنکھوں سے گرد صاف کرکے آؤ۔ بیچنا ہو تو بولو۔ میں پورے تین روپے دینے کو تیار ہوں۔ بولو، دیتے ہو؟

بھرتو : (بیل پر ہاتھ پھیر کر) میں تو پورے سو روپے لوں گا۔

تیسرا ٹھگ : اچھا، جاکر پہلے کنویں سے منہ دھو کر آؤ۔ آنکھیں خاص طور سے صاف کرنا۔ میں یہیں کھڑا ہوں۔

(بھرتو جاتا ہے۔ دونوں ٹھگ آتے ہیں۔ اُن کے پیچھے بوڑھا ٹھگ بھی آتا ہے۔ چاروں آہستہ آہستہ باتیں کرتے ہیں۔ پھر بوڑھا ٹھگ اسٹیج کے ایک کونے میں جاکر لیٹ جاتا ہے۔ بھرتو آتا ہے)

تیسرا ٹھگ : کہو۔ اب اپنے بیل کے بارے میں کیا خیال ہے؟ تین روپے میں دیتے ہو؟

بھرتو : نہیں ...سو روپے میں دوں گا۔ میں صاف دیکھ رہا ہوں، میرا بیل جوان ہے۔

دوسرا ٹھگ : ایسا کرو پنچ سے فیصلہ کرالو۔ تمھیں بیل بیچنا، اسے خریدنا ہے۔ پنچ کا فیصلہ تو مانو گے؟

بھرتو : ہاں، مانوں گا۔ پنچ تو پرمیشور ہوتے ہیں۔

پہلا ٹھگ : اب یہاں پنچ کہاں ملے گا! (اِدھر اُدھر دیکھتا ہے) وہ دیکھو، اُدھر کوئی سویا ہوا ہے۔ اسے پنچ بنا لو۔

بھرتو : ٹھیک ہے۔

(دو ٹھگ سوئے ہوئے ٹھگ کو جاکر جگاتے ہیں۔ وہ اُٹھ کر آلتی پالتی مار کر بیٹھ جاتا ہے۔ بھرتو اور ٹھگ اس سے اپنی اپنی بات کہتے ہیں۔ وہ رضامندی سے سر ہلاتا ہے۔ اُٹھ کر بیل کے پاس آتا ہے۔ اس کی پشت پر ہاتھ مارتا ہے، سینگوں کو ہاتھ لگاتا ہے۔ ٹٹول ٹٹول کر دیکھتا ہے)

بوڑھا ٹھگ : بھائی کسان! قحط کے دنوں میں اس بوڑھے بیل کی قیمت ڈھائی روپے سے زیادہ نہیں ہو سکتی۔

بھرتو : (ہکا بکا ہو کر) ڈھائی روپے۔

بوڑھا ٹھگ : ہاں، ڈھائی روپے! پنچ پر بھروسا کرو۔

(بھرتو بڑی مشکل سے غصہ ضبط کرتا ہے مگر خاموشی سے ڈھائی روپے لے کر بیل ٹھگ کے حوالے کر دیتا ہے اور بائیں طرف سے باہر چلا جاتا ہے)

پہلا ٹھگ : (قہقہہ لگا کر) بھئی واہ! مزہ آ گیا۔

دوسرا ٹھگ : آج کی کامیابی میں سب سے بڑا حصہ بابوجی کا ہے۔ کتنی مہارت سے اُنھوں نے پنچ کا رول ادا کیا ہے۔

تیسرا ٹھگ : بابوجی کی مہربانی ہی سے ہم تینوں اس قابل ہوئے ہیں کہ...

دونوں ٹھگ : (بات کاٹ کر) ایسے بڑے بڑے ہاتھ مار سکیں۔

(چاروں ہنستے، قہقہے لگاتے دائیں طرف سے جاتے ہیں۔ فوراً ہی بائیں طرف سے بھرتو آتا ہے)

بھرتو : تو یہ بات ہے! اِن چاروں باپ بیٹوں نے مل کر مجھے لوٗٹ لیا۔ میں اگر چھپ کر ان کی باتیں نہ سنتا تو مجھے کیا پتا چلتا کہ یہ سب آپس میں ملے ہوئے ہیں مگر میں اِنھیں چھوڑوں گا نہیں۔ اِنھیں سبق سکھاؤں گا۔ پہلے اِن کا پیچھے کر کے اِن کا گھر تو دیکھ لوں۔

(تیزی سے جاتا ہے۔ اسٹیج پر اندھیرا ہو جاتا ہے)

منظر دوسرا

(روشنی کے فوکس میں راوی۔ پس منظر میں اندھیرا ہے)

راوی : دیکھا آپ نے! کیسے اِن ٹھگوں نے بھولے بھالے کسان کو ٹھگ لیا مگر آپ جانتے ہیں اُس کے بعد کیا ہوا؟ بھرتو نے قسم کھائی کہ اپنے بیل کی منہ مانگی قیمت سے تین گنا قیمت اُن ٹھگوں سے وصول نہ کی تو اس کا نام بھی بھرتو نہیں۔ (ہنستا ہے)

(فوکس راوی پر سے ہٹ جاتا ہے۔ اسٹیج پر روشنی ہوتی ہے۔ پردے پر جھونپڑی نظر آ رہی ہے۔ جھونپڑی کا دروازہ بند ہے۔ بھرتو زنانہ لباس میں سجا دھجا آ کر ایک طرف بیٹھتا ہے اور زور زور سے رونے لگتا ہے)

بھرتو : (زنانہ آواز میں) ہے بھگوان! مجھے موت کیوں نہیں آتی؟ میرا سب کچھ تو تو

نے چھین لیا اب مجھے اپنے پاس بلا لے۔

بوڑھا ٹھگ : **(جھونپڑی سے باہر آ کر)** کون ہو تم؟ کیا مصیبت پڑی تم پر؟

بھرتو : کیوں بتاؤں تمھیں کہ میں کون ہوں؟ میں ایک لڑکی ہوں ... مرنے جا رہی ہوں۔ **(زور سے رو کر)** میں کنویں میں کود جاؤں گی ... پہاڑ سے چھلانگ لگا دوں گی ... میں ندیا میں ڈوب جاؤں گی ... میں زہر کھا لوں گی۔

بوڑھا ٹھگ : **(ہمدردی سے)** بیٹی، ایسا نہیں کہتے۔ مجھے بتاؤ تم پر کیا مصیبت آ پڑی ہے۔ شاید میں تمھاری مدد کر سکوں۔

بھرتو : **(اُٹھ کر بوڑھے ٹھگ کے پاؤں پکڑ لیتا ہے)** آپ آدمی نہیں، بھگوان ہیں۔ پہلی بار کسی نے مجھ سے دو میٹھے بول بولے ہیں۔ آپ مہان ہیں، آپ دیوتا ہے۔ آپ ساکشات رام ہیں۔ آپ کرشن کا اوتار ہیں۔

ارے، میں تو بھول ہی گئی کہ میں بہت دُکھیاری ہوں **(حلق پھاڑ کر روتے ہوئے)** میرے ماں باپ مر گئے، میرا بھائی مر گیا، بھابھی نے مجھے گھر سے نکال دیا۔ سب مر گئے۔ اب میں بھی مرنے جا رہی ہوں۔ **(آگے بڑھتا ہے)**

بوڑھا ٹھگ : رُکو، مجھے سوچنے دو کہ میں تمھارے لیے کیا کر سکتا ہوں۔ تمھاری عمر کتنی ہے؟

بھرتو : میں صرف سولہ سال کی ہوں **(چہرے سے آنچل ہٹا کر)** سندری بھی ہوں، گنونتی بھی ہوں ... میری بھابھی کو مجھ سے جلن ہوتی ہے ... نکال دیا گھر سے **(چیخ مار کر)** ہائے امّاں، ہائے باوا، ہائے بھیا ... مجھے چھوڑ کر کیوں چلے گئے۔

بوڑھا ٹھگ : رونا بند کرو اور سنو ... میرے تین بیٹے ہیں۔ ان میں سے کسی کے ساتھ تم شادی کر لو۔

بھرتو : **(خوش ہو کر کھڑا ہو جاتا ہے)** تین بیٹے ہیں؟ کہاں ہیں؟ کدھر ہیں؟

بوڑھا ٹھگ : بس، ابھی آتے ہی ہوں گے۔ **(قدموں کی چاپ سنائی دیتی ہے۔ تینوں ٹھگ آتے ہیں اور حیرت سے بھرتو کو دیکھتے ہیں)**

بوڑھا ٹھگ : بڑے، منجھلے اور چھوٹے! یہ ایک بے سہارا لڑکی ہے۔ تم میں سے کون اس

کے ساتھ شادی کرے گا؟ **(بھرتو چہرے پر سے آنچل ہٹا دیتا ہے)**

پہلا ٹھگ : میں کروں گا۔

دوسرا ٹھگ : میں کروں گا۔

تیسرا ٹھگ : میں کروں گا۔

بھرتو : (نخرے سے) ایسا نہیں چلے گا۔ مجھے جو پسند آئے گا میں اُس سے شادی کروں گی۔

بوڑھا ٹھگ : (خوش ہوکر) ہاں، یہ ٹھیک ہے۔ تم خود ہی کسی کو پسند کرلو ورنہ تینوں میں جھگڑا ہو جائے گا۔

بھرتو : (اِترا اِترا کر) میں نا... میں اُس سے شادی کروں گی جو سب سے تیز دوڑتا ہو۔

پہلا ٹھگ : میں سب سے تیز دوڑتا ہوں۔

دوسرا : میں سب سے تیز دوڑتا ہوں۔

تیسرا : میں سب سے تیز دوڑتا ہوں۔

بھرتو : میں تو امتحان لوں گی۔

تینوں ٹھگ : ہم تیار ہیں۔

بھرتو : یہاں سے پورب کی اور پانچ کوس کی دوری پر ایک تالاب ہے۔ جو اُس تالاب سے ایک بالٹی پانی لے کر سب سے پہلے لوٹے گا میں اُسی کے گلے میں ورمالا ڈالوں گی۔ اب جاؤ۔ **(تینوں ٹھگ ایک طرف رکھے پانی کے مٹکوں کے پاس سے ایک ایک بالٹی لے کر دوڑ جاتے ہیں۔ بھرتو اُن کے پیچھے اسٹیج کے کونے تک جاتا ہے۔ پھر لوٹ کر ساڑی اُتارنے لگتا ہے۔ ساڑی کے نیچے مردانہ کپڑے ہیں)**

بوڑھا ٹھگ : ہائے، یہ کیا؟

بھرتو : بوڑھے ٹھگ! دیکھ اور پہچان مجھے۔ میں ہوں بھرتو... وہی بھرتو جسے کل تم لوگوں نے ٹھگ لیا تھا۔

بوڑھا ٹھگ : کون بھرتو؟

بھرتو : کون بھرتو! ابھی بتاتا ہوں۔ کل تم نے میرا جوان بیل ڈھائی روپے میں خریدا تھا۔ آج کسر نکالتا ہوں۔ (نزدیک پڑی لکڑی اُٹھا کر مارتا ہے)

بوڑھا ٹھگ : مت مارو مجھے۔ مت مارو۔

بھرتو : تو پنچ بنا تھا نا بڈھے! غلط فیصلہ دے کر تو نے پنچ کے عہدے کو بٹّا لگایا ہے۔ (مارتا ہے)

بوڑھا ٹھگ : مجھے معاف کردو۔

بھرتو : بڈھے! کیا میرا بیل ڈھائی روپے کا تھا؟

بوڑھا ٹھگ : نہیں۔

بھرتو : سوچ کر بول (مارتا ہے) کیا میرا بیل ڈھائی روپے کا تھا؟

بوڑھا ٹھگ : نہیں۔

بھرتو : پھر سے بول (مارتا ہے) کیا میرا بیل ڈھائی روپے کا تھا؟

بوڑھا ٹھگ : (چلا کر) نہیں، بابا نہیں۔

بھرتو : پھر تو نے ڈھائی روپے قیمت کیسے لگائی بڈھے! بول!

بوڑھا ٹھگ : غلطی ہوگئی، معاف کردو۔ یہ لو سو روپے اور میری جان چھوڑو۔

(بوڑھا ٹھگ بنڈی کی جیب سے سو روپے نکال کر دیتا ہے۔ بھرتو نوٹ لے کر جیب میں رکھتا ہے۔ زنانہ کپڑے سکیٹ کر جاتا ہے۔ اسٹیج پر اندھیرا ہوجاتا ہے)

منظر تیسرا

(اسٹیج پر روشنی ہوتی ہے۔ ٹھگوں کی جھونپڑی کے اندر کا منظر۔ ایک طرف کپڑے لٹک رہے ہیں۔ ایک طرف چولھا اور کھانے پینے کے برتن ہیں۔ ایک چارپائی پر بوڑھا ٹھگ لیٹا ہوا ہے۔ تینوں اُس کے پاس بیٹھے ہیں)

بوڑھا ٹھگ : آہ، ہائے، مار مار کر کچومر نکال دیا اُس کسان نے۔ ارے کسی وید کو بلاؤ۔

پہلا ٹھگ : اپنے وید جی دوسرے گاؤں گئے ہیں۔ سندیسا بھیجا ہے۔ آتے ہی ہوں گے۔

دوسرا : خوب بھیس بدلا اُس کسان نے۔ ہم پہچان ہی نہیں پائے۔

تیسرا : پہچانتے کیسے؟ روز ہم نہ جانے کتنے کو ٹھگتے ہیں، سب کی شکلیں کیسے یاد رکھ سکتے ہیں۔

پہلا : پھر ہم شکلیں کہاں دیکھتے ہیں۔ ہم تو جیب دیکھتے ہیں... جیب کا مال دیکھتے ہیں۔

بوڑھا ٹھگ : ارے کچھ کرو۔ (کراہتا ہے) کسی وید کو بلاؤ۔

(پس منظر میں آواز "دوا لے لو... چوٹ پھینٹ کا علاج کرالو... ٹوٹی ہڈی جڑوا لو... دوا لے لو۔")

بوڑھا ٹھگ : **(بے تابی سے)** دیکھو دیکھو، کوئی وید پنڈت ہے شاید۔ بلاؤ اُسے۔ **(ایک ٹھگ دوڑ کر جاتا ہے اور وید کو ساتھ لے کر آتا ہے۔ یہ وید بھرتو کے سوا کوئی نہیں ہے)**

بھرتو : **(بوڑھے ٹھگ کے پاس بیٹھ کر)** کیا ہوا بھیا! کس نے یہ حالت بنا دی تمھاری؟

بوڑھا ٹھگ : وہ سب چھوڑو۔ پہلے دوا دو وید جی۔

بھرتو : ابھی دیتے ہیں، ابھی دیتے ہیں۔ کوئی ایسے ویسے وید نہیں ہیں ہم۔ چوٹ ہم سے خود بولتی ہے یہاں دوا لگاؤ۔ ٹوٹی ہڈی الگ پکارتی ہے کہ میری خبر لو۔

ایک ٹھگ : وید جی! باتیں نہ بناؤ، پہلے بابو جی کی خبر لو۔

بھرتو : **(چشمے کے اوپر سے دیکھتے ہوئے)** یہ تمھارے پِتا جی ہیں؟

ٹھگ : اور کیا!

بھرتو : انھوں نے تمھیں کوئی اچھی بات نہیں سکھائی، اچھا کام نہیں سکھایا۔

ٹھگ : **(پیچھے ہٹ کر)** کیا مطلب؟

بھرتو : ہم نے ایسا کیا کہہ دیا کہ ڈر گئے... ہمارے کہنے کا مطلب یہ تھا کہ تمھارے پتا جی نے تمھیں یہ نہیں سکھایا کہ مہمان کے آتے ہی اسے پانی پلانا چاہیے۔ کیا کام کرتے ہو تم لوگ؟ **(ٹھگ اُٹھ کر ایک گلاس پانی لاتا ہے۔ بھرتو گلاس لے کر نیچے رکھ دیتا ہے)**

تیسرا ٹھگ : کام... کام تو ہم کرتے ہیں۔ **(سنبھل کر)** وید جی، پہلے بابو جی کو دیکھیں۔

بھرتو : **(بوڑھے کی کمر پر، گردن پر، ٹانگوں پر وہاں وہاں ہاتھ رکھتا ہے جہاں کل مارا تھا۔ ساتھ میں پوچھتا جاتا)** یہاں درد ہے؟ یہاں درد ہے؟

بوڑھا ٹھگ : کمال ہے۔ ویدجی آپ تو چوٹ صحیح صحیح پہچان گئے۔

بھرتو : کیوں نہ پہچانیں گے؟ لوٹ مار کرکے، چوری چکاری کرکے، ٹھگی بدمعاشی کرکے وید نہیں بنے ہیں۔ برسوں تک گروجی کے قدموں میں بیٹھ کر وِدّیا پراپت کی ہے۔ **(سوچنے کی اداکاری کرتے ہوئے)** چوٹیں بڑی ... گمبھیر ہیں۔ دوائیں منگانا پڑیں گی۔ ہم مہنگی دوائیں اپنے پاس نہیں رکھتے۔

بوڑھا ٹھگ : کہاں سے منگانا پڑے گا؟

بھرتو : رگڑا اور مارا اور پٹکا گاؤں سے لانا پڑے گا۔

پہلا ٹھگ : مجھے بتائیے ... میں ابھی لے کر آتا ہوں۔

بھرتو : ایسا کرو، رگڑا گاؤں میں جیٹھا مل جی کی دکان پر جا کر کہو کہ بھورو لال وید نے ٹوٹی ہڈی جوڑنے کی بیر بہوٹی منگائی ہے۔

پہلا ٹھگ : میں ابھی گیا اور ابھی آیا۔ **(جاتا ہے)**

بھرتو : **(دوسرے ٹھگ سے)** تم 'مارا' گاؤں کے مندر کے پجاری کو جا کر ہمارا نمسکار کہو اور سنجیونی مرہم کی ڈبیا لے آؤ۔ **(دوسرا ٹھگ جاتا ہے۔ تیسرے ٹھگ سے)** تم جا کر پانی گرم کرو۔ **(بکسا کھول کر کچھ پڑیاں نکالتا ہے۔ پھر سر پر ہاتھ مار کر)** اے لو... ہم سٹھیا گئے ہیں شاید۔ پتے ختم ہوگئے اور ہمیں ہی یاد نہیں رہا۔ اب مرہم اور لیپ بھلا کیسے باندھیں گے ہم؟

بوڑھا ٹھگ : **(گھبرا کر)** کیا ہوا ویدجی؟

بھرتو : جن پتوں پر مرہم لگا کر چوٹ پر باندھا جاتا ہے وہ پتے تو ہم نے پچھلے گاؤں میں ایک روگی کو باندھ دیے۔ اب تو تمھارے دونوں بیٹے چلے گئے ورنہ پتے بھی اُن ہی سے منگا لیتے۔

بوڑھا ٹھگ : چھوٹا بیٹا ہے نا **(پکارتا ہے)** ارے چھوٹے! جلدی آ اِدھر۔ دیکھ، ویدجی کیا

کہہ رہے ہیں۔

تیسرا ٹھگ : (نزدیک آ کر) کہیے وید جی۔

بھرتو : بیٹا، پڑکا گاؤں تک جانا ہوگا۔ وہاں تالاب کے کنارے سے جامنی پھولوں کے پودے کے پتے لانے ہیں۔

تیسرا ٹھگ : مگر بابو جی کے پاس بھی تو کوئی رہنا چاہیے۔

بھرتو : (بگڑ کر) تو کیا ہم جن بھوت ہیں جو غائب ہو جائیں گے یا راکشش ہیں جو تمھارے بابو جی کو کھا جائیں گے۔ ہم یہیں بیٹھے ہیں۔ تم جاؤ۔

بوڑھا ٹھگ : اور کیا؟ تو میری فکر چھوڑ اور جلدی جا۔ **(تیسرا ٹھگ جاتا ہے ...بھرتو چند لمحے انتظار کرتا ہے، پھر اپنی پگڑی اور چشمہ اُتار کر ایک طرف رکھ دیتا ہے)**

بھرتو : بوڑھے ٹھگ! دیکھ میری طرف۔

بوڑھا ٹھگ : ارے میری میّا رے! تم پھر آ گئے۔

بھرتو : ہاں، میں پھر آ گیا۔ ابھی حساب برابر کہاں ہوا ہے؟

بوڑھا ٹھگ : **(اُٹھ کر بیٹھ جاتا ہے اور چلاتا ہے)** ارے بڑے، منجھلے، چھوٹے! جلدی آ ؤ۔

بھرتو : کہاں سے آئیں گے وہ! وہ تو گئے رگڑا... بوڑھے ٹھگ! کیا میرا بیل ڈھائی روپے کا تھا؟

بوڑھا ٹھگ : **(خود کو بچاتا ہوا)** نہیں۔

بھرتو : **(مارتا ہے)** یہ ہے مارا۔ بوڑے ٹھگ! کیا میرا بیل ڈھائی روپے کا تھا؟

بوڑھا ٹھگ : نہیں۔

بھرتو : **(پلنگ اُلٹ دیتا ہے)** یہ ہے پٹکا ... بول بڈھے! کیا میرا بیل ڈھائی روپے کا تھا؟

بوڑھا ٹھگ : (زمین پر پڑے پڑے جیب سے نوٹ نکالتا ہے) یہ لو بابا سو روپے اور میرا پیچھا چھوڑو ...آہ! مار ڈالا رے! (بھرتو نوٹ لیتا ہے۔ اپنا سامان سمیٹ کر جاتا ہے۔ اسٹیج پر اندھیرا ہو جاتا ہے)

منظر چوتھا

(اسٹیج پر روشنی ہوتی ہے۔ ایک طرف سے بھرتو آتا ہے۔ ٹھگوں کے گھر کا دروازہ بند ہے)

بھرتو : **(ٹہلتا ہے)** بوڑھا ٹھگ اور اس کے بیٹے خبردار ہو گئے ہیں۔ آسانی سے جال میں نہیں پھنسیں گے مگر آخری سبق دینا باقی ہے۔ کروں تو کیا کروں! **(رُک کر)** ایک ترکیب ہے، اسی پر عمل کر کے دیکھتا ہوں۔ **(اِدھر اُدھر دیکھتا ہے)** اے ...ادھر آؤ، ہاں تم تینوں اِدھر آؤ۔

(تین نوجوان آتے ہیں۔ بھرتو انھیں اسٹیج پر بالکل سامنے کی طرف لے آتا ہے)

بھرتو : ایک کام کرو گے؟ پانچ پانچ روپے دوں گا۔

ایک نوجوان : کیا کام ہے؟

بھرتو : تم تینوں میں سب سے زیادہ تیز کون دوڑتا ہے؟

دوسرا نوجوان : **(پہلے کی طرف اشارہ کر کے)** یہ بہت تیز دوڑتا ہے۔

بھرتو : **(دروازے کی طرف اشارہ کر کے)** تم اس دروازے کے سامنے کھڑے ہو کر زور سے یہ جملہ بولو، 'بوڑھے ٹھگ! کیا میرا بیل ڈھائی روپے کا تھا؟' اور سر پٹ دوڑ جاؤ۔

نوجوان : کہاں تک دوڑوں؟

بھرتو : گاؤں کے باہر والی امرائی تک ...مگر پیچھا کرنے والوں کے ہاتھ نہ آنا ورنہ بہت مار کھاؤ گے۔

نوجوان : **(اکڑ کر)** کس میں اتنی ہمت ہے جو مجھے پکڑ سکے۔

بھرتو : شاباش! **(دوسرے نوجوانوں سے)** اور جب دروازہ کھول کر کوئی آئے اور تم سے پوچھے کہ کس نے وہ جملہ کہا تھا تو تم بتا دینا کہ بولنے والا وہ گیا، وہ بھاگا، وہ غائب ہوا... یہ لو پانچ پانچ روپے ...اور اپنا اپنا کام شروع کر دو۔

(بھرتو ایک طرف جا کر چھپ جاتا ہے)

پہلا نوجوان : (دروازے کے سامنے جا کر چلاتا ہے) کیوں رے بوڑھے ٹھگ ! کیا میرا بیل ڈھائی روپے کا تھا؟ (بائیں طرف سے باہر بھاگ جاتا ہے...دروازہ کھلتا ہے۔تینوں ٹھگ باہر آتے ہیں)

پہلا ٹھگ : کون بولا...کہاں ہے وہ؟

دوسرا ٹھگ : (دونوں نوجوانوں سے) کہاں ہے وہ؟

تیسرا ٹھگ : آج اس کی خیر نہیں ...بتاؤ، کہاں گیا وہ؟

دونوں نوجوان: آپ لوگوں کو دیکھ کر وہ اُدھر بھاگا ہے۔(تینوں ٹھگ ایک دوسرے کے پیچھے دوڑتے ہوئے نکل جاتے ہیں۔ بھرتو سامنے آتا ہے۔نوجوانوں کو جانے کا اشارہ کرتا ہے۔دونوں جاتے ہیں۔اتنے میں بوڑھا ٹھگ لکڑی ٹیکتا ہوا باہر آتا ہے)

بھرتو : (چلا کر) بوڑھے ٹھگ ! کیا میرا بیل ڈھائی روپے کا تھا؟

بوڑھا ٹھگ : (گھبرا کر گرتے گرتے بچتا ہے) ارے باپ رے ! تم پھر آ گئے۔

بھرتو : بوڑھے ٹھگ ! بول، کیا میرا بیل ڈھائی روپے کا تھا؟

بوڑھا ٹھگ : نہیں ...نہیں نہیں ، سو بار نہیں۔ یہ سو روپے اور میری جان بخش دو۔(بھرتو کے قدموں میں گر جاتا ہے)

(اسٹیج پر اندھیرا ہو جاتا ہے۔فوکس لائٹ راوی پر پڑتی ہے)

راوی : دیکھا آپ نے ! ایک اَن پڑھ کسان نے کس طرح عقل مندی سے کام لے کر اپنی قسم پوری کی ...کون سی قسم؟ بھول گئے آپ! بھرتو نے قسم کھائی تھی کہ اپنے بیل کی قیمت سے تین گنا قیمت ٹھگوں سے وصول کروں گا اور تین سو روپے وصول کر لیے اس نے ... عقل و ہمت سے کام لے کر انسان مشکل ترین کام بھی آسانی سے کر سکتا ہے۔

نظیؔر اکبر آبادی

ڈاکٹر محمد حسن

پہلا منظر

(فقیر چمٹا بجا کر گاتا ہے)

تن سوکھا کبڑی پیٹھ ہوئی، گھوڑے پر زین دھرو بابا
اب کوچ نقارہ باج چکا، چلنے کی فکر کرو بابا

فقیر : نظیؔر کی دنیا میں چلو گے؟ اکبر آبادی کی دنیا میں چلتے ہو تو میرے پیچھے پیچھے آؤ۔ میں تخیل کا درویش ہوں۔ تمھارے لیے نظیؔر کی روح کو پھر بلاؤں گا۔ اُس کی البیلی دنیا کو پھر سے زندہ کروں گا۔ روحوں سے ملاقات میرے لیے کوئی بڑی بات نہیں۔ میرے پیچھے پیچھے چلے آؤ۔ وہ دیکھو اُس دُنیا کا دروازہ کھلا!

نظیؔر : میاں قطب الدین! آج یہ لڑکے کہاں رہ گئے؟

قطب الدین: وہ آپ کے شاگرد راجا بِلاس کے لڑکے؟

نظیؔر : اتنی دیر سے اُنھی کا انتظار کر رہا ہوں۔ پتا نہیں آج آپ ہی آپ ان لڑکوں نے چھٹی منالی۔

(لڑکے آتے ہیں اور آداب بجالاتے ہیں)

نظیؔر : آؤ بیٹے آؤ۔ آج فقط تین ہی بھائی آئے ہو؟ اور یہ بنسی دھر اور شنکر دار کو کہاں چھوڑ آئے؟

ایک لڑکا: کل ہولی ہے۔ وہ لوگ تہوار کی تیاری میں لگے ہوئے ہیں۔

نظیرؔ : مول چند، تو ہمیشہ اپنے دوسرے بھائیوں کی بات بنانے میں لگا رہتا ہے۔ ارے بابا، ہولی تو کل سے شروع ہوگی۔ آج ہی یہ دونوں کام چور چھٹی منانے لگے!

مول چند : پتاجی نے یہ آم اور خربوزے آپ کے واسطے بھیجے ہیں۔

نظیرؔ : اچھا۔ ایاز کو دے دو۔ اس سے کہہ دینا حقہ بھر لائے۔ اور تم کتاب کھولو اور کل کا آموختہ پڑھو۔

مول چند : بہت اچھا مگر ایک بات اور غرض کرنا ہے۔ بنسی دھر اور شنکر داس نے چھٹی مانگی تھی اور کہا تھا...

نظیرؔ : کیا کہا تھا؟

مول چند : انھوں نے کہا تھا...

نظیرؔ : ارے بولے گا بھی یا نہیں؟ کیا کہا تھا؟

مول چند : آپ نے ہم لوگوں کے کہنے سے بسنت لکھ کر دیا تھا۔ اب کے وہ دونوں ایک ہولی کی فرمائش کر رہے تھے۔

نظیرؔ : (ہنس کر) دیکھا میاں قطب الدین! اِن بدمعاشوں کی باتیں! میرے شاگرد نہیں ہیں، استاد ہیں استاد۔ اُن سے کہہ دینا، ہولی کل آگرہ بازار میں سنیں۔

مول چند : اُن دونوں نے کہا تھا، لکھوا کر لانا۔

نظیرؔ : اچھا اچھا۔ لکھ لینا۔ تم سبق پڑھو۔

مول چند : بہت اچھا۔

(پڑھتا ہے)

نظیرؔ : پڑھ تو لیا ٹھیک ٹھیک۔ اس کا مطلب بھی سمجھ گیا؟

مول چند : جی ہاں۔

نظیرؔ : کیا مطلب ہوا بھلا؟

مول چند : ایک وزیر جب وزارت سے معزول ہوا تو فقیر ہو گیا اور فقیروں کی صحبت سے

درویشی کی برکت اُس کو نصیب ہوئی اور اس کو سکونِ قلب ملا۔ بادشاہ اتفاق سے پھر راضی ہوگیا اور چاہا کہ پھر اُسے وزیر بنائے مگر اُس نے قبول نہیں کیا اور کہا کہ معزولی میرے لیے نوکری سے بہتر ہے۔

نظیؔر : مول چند رائے ! تو واقعی دل لگا کر پڑھ رہا ہے۔ یہ من سکھ اور گور بخش ذرا پیچھے رہے جا رہے ہیں۔ خیر، اُن کا سبق ابھی سنتا ہوں۔ دیکھا میاں قطب الدین تم نے ؟ کیا فرفر پڑھتا ہے؟

قطب الدین: ماشاءاللہ

نظیؔر : اچھا بھئی مول چند، تم نے گلستاں کی حکایت تو پڑھ لی مگر شیخ سعدی کے سوال کا جواب نہیں دیا۔

مول چند : کس سوال کا جواب؟

نظیؔر : معزولی بہتر ہے کہ نوکری؟ اور وہ بھی وزارت کی نوکری۔ تم کیا بنو گے؟ وزیر بنو گے کہ درویش؟

مول چند : میں تو استاد، وزیر بنوں گا نہ درویش۔

نظیؔر : پھر کیا ارادہ ہے؟

مول چند : میں تو شاعر بنوں گا اُستاد!

نظیؔر : (ہنستے ہیں) راجا بلاس رائے سن لیں گے تو بہت پریشان ہوں گے۔ شاعر بنے گا تو فاقوں مر جائے گا۔ ایسے ہی لڑکے پڑھا پڑھا کر گزر بسر کرنی پڑے گی۔ اچھا، اب آگے پڑھ۔

دوسرا منظر

قطب الدین: اُستاد! اُستاد!

نظیؔر : کون؟ قطب الدین ... کیا بات ہے؟

قطب الدین: شاہِ اَوَدھ کا ایک قاصد آپ کے پاس آیا ہے۔

نظیرؔ : واجد علی شاہ کے دربار سے آیا ہے کوئی۔ اچھا اُسے بٹھاؤ، اس کی تواضع کرو۔ میں تو ہولی کے جشن سے نپٹ کر ہی آؤں گا۔

قطب الدین: اُسے بہت ضروری کام ہے۔

نظیرؔ : ارے جشن اور مستی سے بھی ضروری ہوتا ہے کوئی کام؟ یہی تو ایک کام ہے جو انسان کے اختیار میں ہے۔ باقی تو ''سب ٹھاٹھ پڑا رہ جاوے گا جب لاد چلے گا بنجارا۔''

قطب الدین: آپ کا ملنا ضروری ہے۔

نظیرؔ : تم چلو، میں تھوڑی دیر میں آتا ہوں۔

وقفہ

نظیرؔ : لو حقہ پیو۔ میاں قطب الدین، تم کس سوچ میں پڑے؟ میں آگرہ چھوڑ کر کہیں نہیں جاؤں گا۔

قطب الدین: نہیں اُستاد۔ بہت اچھا موقع ہے! شاہِ اَودھ نے آپ کو طلب فرمایا ہے۔ بادشاہوں کی نظرِ عنایت سے مٹی بھی سونا ہوجاتی ہے۔ پھر آپ کے جوہرِ قابل کے لیے تو یہ خراج بہت موزوں ہوگا۔

نظیرؔ : واہ میاں قطب الدین۔ تم گلستاں کی وہ کہانی اتنی جلدی بھول گئے؟ ابھی کل ہی وہ لڑکا پڑھ رہا تھا، ''معزولی بہ زِ مشغولی'' بس وہی میرا فیصلہ ہے۔

قطب الدین: گستاخی معاف! آپ تو خواہ مخواہ ضد کرتے ہیں۔ آخر آگرے میں کون سی ایسی چیز ہے جسے آپ نہیں چھوڑ سکتے؟

نظیرؔ : یہ مستی اور آزادی ہوگی لکھنؤ میں؟

قطب الدین: کیوں نہیں ہوگی؟ اَودھ تو مستوں اور آزادوں کا علاقہ مشہور ہے۔ وہاں بھی آخر انسان ہی بستے ہیں۔

نظیرؔ : پھر جیسے آدمی یہاں بستے ہیں ویسے ہی تو لکھنؤ میں ہوں گے۔ اُسی خدا کی خدائی

یہاں ہے۔ اُسی کی وہاں ہے۔ پھر بھلا کیوں در در کی خاک چھانتا پھروں؟

قطب الدین: مگر آپ تو بھول جاتے ہیں۔ آپ یوں ہی تھوڑی جا رہے ہیں! آپ بادشاہ کے مہمان ہوں گے۔ آپ یہاں سترہ روپے مہینے پر راجا بلاس رائے کے لڑکوں کو پڑھاتے ہیں۔ کیا عمر بھر انھی سترہ روپوں پر پڑے رہیے گا؟ کبھی تو آپ میری بھی مان لیا کیجیے۔

نظیرؔ : اچھا بابا، میں تیرا ہی کہا مانتا ہوں۔ بس دو روز بعد لکھنؤ چلا جاؤں گا۔ مگر دو شرطیں ہیں، میاں قطب الدین!

قطب الدین: سب شرطیں منظور ہیں۔

نظیرؔ : ارے سن تو لو۔ ایک تو سرحد تک تم کو ساتھ پہنچانے چلنا ہوگا۔ اور دوسرے میں آگرے کی حدود ختم ہونے تک اپنی گھوڑی پر سوار ہو کر جاؤں گا۔

قطب الدین: بہت مناسب۔

تیسرا منظر

نظیرؔ : چلو بھئی، کوچ کا وقت آ پہنچا۔ ایاز، گھوڑی تیار ہے؟

قطب الدین: ایاز نے نہ جانے کب سے گھوڑی کس کر تیار رکھی ہے۔ اب آپ سوار ہو جاتے تو بہتر تھا۔

نظیرؔ : اچھا بھئی، بسم اللہ۔ چلو چلتے ہیں۔ دیکھو میاں قطب الدین، تاج محل آج کتنا خوب صورت لگ رہا ہے۔ آج تو ہم اس سے رخصت ہو رہے ہیں۔ تم اِدھر آ جاؤ تاکہ یہ میری نظروں کے سامنے رہے۔

قطب الدین: بہت اچھا۔

نظیرؔ : خاصی دور نکل آئے۔ تاج محل، دیکھو یہاں سے کتنا چھوٹا دِکھائی دیتا ہے۔

قطب الدین: جی ہاں۔ اب آگرے کی سرحد تک آ پہنچے ہیں۔ یہیں تھوڑی دور پر شاہِ اَوَدھ کے ہاں کی سواری آپ کا انتظار کر رہی ہوگی۔

نظیؔر : (گھبراکر) تاج محل تو نظروں سے اوجھل ہوگیا! تمھیں نظر آرہا ہے میاں قطب الدین؟

قطب الدین: جی نہیں۔ اب تو کافی فاصلہ طے ہوگیا۔

نظیؔر : تاج نظروں سے اوجھل ہوگیا! میں نہیں جاؤں گا۔ میں کہیں نہیں جاؤں گا جہاں تاج میری نظروں سے اوجھل رہے۔

قطب الدین: اُستاد، وہ لوگ منتظر ہوں گے۔

نظیؔر : کچھ بھی ہو۔ گھوڑی واپس پھیرو۔ ہم تاج محل کی طرف چلتے ہیں۔ تم کہتے تھے یہاں میرا ہے ہی کون؟ میں تاج سے کیسے رخصت ہوں گا؟ میں آگرے کے اِن بازاروں سے، اِن محبت کرنے والے لوگوں سے کیسے رخصت ہوں گا جو ہر گلی کوچے میں میرے گیت گاتے ہیں؟

(فقیر کے چمٹا بجانے کی آواز سنائی دیتی ہے)

تن سوکھا، کبڑی پیٹھ ہوئی گھوڑے پر زین دھرو بابا

نظیؔر : سنتے ہو یہ فقیر کیا گاتا ہے!

(فقیر کی آواز اور زیادہ قریب آجاتی ہے)

تن سوکھا کبڑی پیٹھ ہوئی، گھوڑے پر زین دھرو بابا
اب کوچ نقارہ باج چکا، چلنے کی فکر کرو بابا

آئینِ جواں مردی حق گوئی و بے باکی

احسان الحق

(اسٹیج پر عدالت جمی ہوئی ہے۔ مجسٹریٹ کرسی پر بیٹھا ہے۔ سامنے مسٹر گولڈی، ابوالليث انسپکٹر اور محمد اسمیل ہیں۔ عدالت کا چپراسی گلا پھاڑ کر چلاتا ہے)

چپراسی : ملزم ابوالکلام حاضر ہے۔

(مولانا آزاد کو دو سپاہی اندر لے کر آتے ہیں)

انسپکٹر : کارروائی شروع ہونے سے پہلے میں بتانا چاہتا ہوں کہ مولانا ابوالکلام انگریزی نہیں سمجھتے ہیں۔

مجسٹریٹ : (مولانا سے) کیا یہ سچ ہے؟ آپ انگریزی نہیں سمجھتے؟

مولانا آزاد: باتیں اس کی سمجھی جاتی ہیں جو سمجھانا چاہتا ہو۔ میں کچھ نہیں سمجھتا اور مجھے کسی چیز کے سمجھنے کی ضرورت بھی نہیں ہے۔

مجسٹریٹ : (سرکاری وکیل سے) آپ مقدمہ پیش کیجیے۔

سرکاری وکیل: ملزم کے خلاف موجودہ مقدمہ زیر دفعہ ۱۲۴-الف تعزیراتِ ہند کے تحت دائر کیا ہے۔ یہ مولانا کی دو تقریروں کی بنا پر ہے جو مرزا پور پارک، کلکتے میں کی گئی تھیں۔ پہلے جلسے کا مقصد تین اشخاص کی گرفتاری کے خلاف صدائے احتجاج بلند کرنا تھا اور دوسری تقریر میں مولانا نے خلافت کے بارے میں

عوام کو ان کا فرض یاد دلایا تھا۔ یہ دونوں تقریریں اُردو شارٹ ہینڈ میں سرکاری رپورٹر نے لکھی ہیں۔ میں یہ بھی واضح کر دینا چاہتا ہوں کہ اس مقدمے کے لیے گورنمنٹ نے منظوری دی ہے، اس کے ثبوت کے لیے میں ڈپٹی کمشنر گولڈی کو پیش کرتا ہوں۔ مسٹر گولڈی کو حاضر کیا جائے۔

چپراسی : **(اعلان کرتا ہے)** مسٹر گولڈی حاضر ہے۔

(گولڈی حاضر ہوکر آداب بجالاتا ہے)

سرکاری وکیل: کیا آپ کو حکومتِ بنگال نے اس مقدمے کو پیش کرنے کا اختیار دیا ہے۔

گولڈی : جی ہاں۔

سرکاری وکیل : عام طور پر جب آپ کو ایسے جلسوں کی خبر ملتی ہے تو آپ کیا کرتے ہیں؟

گولڈی : میں اپنے رپورٹر وہاں بھیجتا ہوں۔

سرکاری وکیل : اس جلسے میں آپ کا رپورٹر کون تھا؟ حاضر کیا جائے۔

(چپراسی بڑھ کر مسٹر گولڈی سے نام پوچھتا ہے)

چپراسی : **(اعلان کرتے ہوئے)** ابواللیث محمد حاضر ہے۔

(حاضر ہوکر آداب بجالاتا ہے)

سرکاری وکیل : کیا نام ہے تمھارا؟

ابواللیث : ابواللیث محمد۔

سرکاری وکیل : تم اپنا تعارف کرا سکتے ہو۔

ابواللیث : میں گورنمنٹ آف بنگال کا شارٹ ہینڈ رپورٹر ہوں۔ میں قسم کھا کر کہتا ہوں کہ جلسے کی کارروائی میں نے پوری ایمان داری سے لکھنے کی کوشش کی ہے۔

مجسٹریٹ : ٹھیک ہے۔کوئی اور گواہ؟

سرکاری وکیل : انسپکٹر اسپیشل برانچ محمد اسماعیل وہاں حاضر ڈیوٹی پر تھے، ان کو بلایا جائے۔

چپراسی : **(اعلان کرتے ہوئے)** انسپکٹر محمد اسماعیل حاضر ہے۔

(حاضر ہوکر آداب بجالاتا ہے)

سرکاری وکیل : کیا نام ہے تمھارا؟ تم اپنا بیان دے سکتے ہو۔

محمد اسماعیل : مجھے محمد اسماعیل پکارتے ہیں۔ کلکتہ یونیورسٹی سے بی. ایس سی کیا ہوں۔ اُردو میرا زبان ہے۔ اچھا اُردو جانتا ہوں۔

سرکاری وکیل : جلسہ کس غرض سے ہوا تھا؟

محمد اسماعیل : تحریکِ خلافت کے لیڈر کو گرفتار کرنے پر۔

سرکاری وکیل : سب سے خطرناک تقریر کس کی تھی؟

محمد اسماعیل : ملزم کا تقریر بہت خطرناک تھا۔ لوگ نعرے بول رہے تھے۔

سرکاری وکیل : جلسے میں کتنے لوگ تھے؟

محمد اسماعیل : بارہ ہزار۔

سرکاری وکیل : اپنے نوٹ غور سے دیکھو۔

محمد اسماعیل : **(کاغذات دیکھتا ہے)** معاف کیجیے گا، دس ہزار آدمی تھے۔

مجسٹریٹ : ٹھیک ہے **(اشارے سے بیٹھنے کو کہتا ہے)** مولانا، آپ کچھ کہنا چاہتے ہیں؟ کیا آپ اپنا بیان لائے ہیں۔

مولانا آزاد : لایا ہوں، اس یقین کے ساتھ کہ آپ اس کو سمجھ نہ سکیں گے۔ لیکن سننے میں کوئی مضائقہ نہیں۔ **(مولانا جیب سے کاغذات نکالتے ہیں۔ ان کے ہر انداز اور ہر حرکت میں ایک جلال اور ایک وقار ہے)** میرا ارادہ نہ تھا کہ کوئی تقریری یا تحریری بیان پیش کروں۔ یہ ایسی جگہ ہے جہاں ہمارے لیے نہ تو کسی طرح کی اُمید ہے، نہ طلب ہے، نہ شکایت ہے۔ یہ ایک موڑ ہے جس سے گزرے بغیر ہم منزلِ مقصود تک نہیں پہنچ سکتے۔ ہم گورنمنٹ کے انصاف اور حق پسندی سے مایوس ہو چکے ہیں۔ تاریخ شاہد ہے کہ جب کبھی حکمراں طاقتوں نے آزادی اور حق کے مقابلے میں ہتھیار اُٹھائے ہیں تو عدالت گاہوں نے سب سے زیادہ آسان اور بے خطا ہتھیار کا کام دیا ہے۔ عدالت کی ناانصافیوں کی فہرست بڑی ہی طولانی ہے۔ تاریخ آج تک اس

کے ماتم سے فارغ نہ ہوسکی۔ ہم اس میں حضرتِ مسیح جیسے پاک انسانوں کو چوروں کے ساتھ کھڑا دیکھتے ہیں۔ ہم کو اس میں سقراط نظر آتا ہے جس کو صرف اس لیے زہر کا پیالہ پینا پڑا کہ وہ اپنے ملک کا سب سے زیادہ سچا انسان تھا اور آج جب اس جگہ کھڑے ہونے کی عزّت میرے حصے میں آئی تو بے اختیار میری روح خدا کے حمد وشکر میں ڈوب جاتی ہے۔ میں مجرموں کے اس کٹہرے میں محسوس کرتا ہوں کہ بادشاہوں کے لیے قابلِ رشک ہوں۔

مجسٹریٹ : **(میز ٹھونک کر)** آپ اپنے جرم کا اقرار کر رہے ہیں؟

مولانا آزاد : میں اقرار کرتا ہوں کہ میں نے حکومتِ وقت کے خلاف اعلانِ جنگ کیا ہے بلکہ میں ان لوگوں میں سے ہوں جنھوں نے اس جرم کی اپنی وم کے دلوں میں تخم ریزی کی ہے۔ میں مسلمانانِ ہند میں پہلا شخص ہوں جس نے ۱۹۱۷ء میں اپنی قوم کو اس جرم کی دعوت دی اور تین سال کے اندر اس غلامانہ روش سے ان کا رُخ پھیر دیا۔

سرکاری وکیل : مسٹر مجسٹریٹ! ملزم نے اپنے جن کارناموں کا ذکر کیا ہے وہ قانون کی نظر میں جرائم ہیں۔

مولانا آزاد : یہ تو اپنی اپنی نظر کی بات ہے۔ لیکن استغاثے نے میری تقریروں کی جو نقل پیش کی ہے وہ نہایت ناقص، غلط اور بعض مقامات پر بے معنی جملوں کا مجموعہ ہے۔ ان بے جوڑ جملوں کو چھوڑ کر کہ اِن سے میرا ادبی ذوق مجروح ہوتا ہے، باقی ساری تقریر کو میں تسلیم کرتا ہوں۔ مجھے معلوم نہیں کہ میری تقریروں کے کون سے جملے قابلِ اعتراض ہیں۔

سرکاری وکیل : کون سے جملے قابلِ اعتراض نہیں ہیں! اگر آپ نے یہ پوچھا ہوتا تو یہ جواب آسان ہوجاتا۔ نمونے کے طور پر میں دو مثالیں پیش کرتا ہوں۔ **(فائل اُٹھا کر)** نمبر ایک: ”ایسی گورنمنٹ جو ناانصافی کے ساتھ قائم ہو۔ ایسی گورنمنٹ کو یا تو انصاف کے آگے جھکنا چاہیے یا اسے دنیا سے مٹا دینا

چاہیے۔" اور نمبر دو: "اگر فی الحقیقت تمھارے دلوں میں اپنے گرفتار بھائیوں کا درد ہے تو تم میں سے ہر شخص کا فرض ہے کہ وہ آج سوچ لے کہ کیا وہ اس بات کے لیے راضی ہے کہ جس جابرانہ قوت نے انھیں گرفتار کیا ہے وہ اس براعظم میں اسی طرح قائم رہے جس طرح ان کی گرفتاری کے وقت تھی۔"

مولانا آزاد: (خفا ہوکر) سوال یہ ہے کہ اگر میں یہ نہ کہوں تو کیا کہوں؟ میں سیاہ کو سفید کہنے سے انکار کرتا ہوں۔ جو چیز بری ہے، یا تو درست ہو جانا چاہیے یا مٹ جانا چاہیے۔ اس کے علاوہ جب میں اس گورنمنٹ کی برائیوں پر یقین رکھتا ہوں تو یقیناً یہ دعا نہیں مانگ سکتا کہ گورنمنٹ درست بھی نہ ہو اور اس کی عمر بھی دراز ہو۔

سرکاری وکیل: کیا یہ سچ نہیں ہے کہ سیاسی مقاصد حاصل کرنے کے لیے آپ اسلامی شریعت کا ناجائز استعمال کررہے ہیں؟

مولانا آزاد: تم مجھے اسلامی شریعت کی تعلیم دینے آئے ہو! میں مسلمان ہوں اور مسلمان ایسے اقتدار کو جائز تسلیم نہیں کرتا جو شخصی ہو یا خودغرض مذہبی پیشواؤں کا ہو یا چند تنخواہ دار حاکموں کی بیوروکریسی ہو تو پھر ایک سچا مسلمان انگریزی راج کو کیسے برداشت کرسکتا ہے؟

سرکاری وکیل: میں سمجھتا ہوں کہ دنیا کا کوئی مذہب رائج الوقت قوانین کو توڑنے کا مشورہ نہیں دیتا۔

مولانا آزاد: میرے بھائی! قانون کیا چیز ہے، تم سمجھتے بھی ہو؟ تمھاری مرضی کا نام قانون نہیں ہے۔ آزادی کی راہ میں قربانی و جاں فروشی مسلمانوں کا قدیم ورثہ ہے۔ مسلمانوں نے اب آخری فیصلہ کرلیا ہے کہ اپنے ہندو، سکھ، عیسائی اور پارسی بھائیوں کے ساتھ مل کر اپنے ملک کو غلامی سے نجات دلائیں گے۔ سرکاری وکیل صاحب نوٹ کرلیجیے۔ گزشتہ دو سال کے اندر کوئی صبح، کوئی شام مجھ پر ایسی نہیں گزری ہے جس میں میں نے گورنمنٹ کے مظالم کا

اعلان نہ کیا ہو۔ میری عمر اٹھارہ برس کی تھی جب میں نے اس راہ میں تقریر وتحریر شروع کی تھی۔ میں نے زندگی کا بہترین حصہ یعنی عہدِ شباب صرف اس مقصد کے عشق میں قربان کیا ہے۔ یہ تو میری زندگی کا دائمی مقصد ہے۔ میں صرف اسی کام کے لیے جی سکتا ہوں۔ ان تقریروں سے اقرار کے بعد میں سی.آئی.ڈی. کے رپورٹر ابواللیث سے کچھ پوچھنا چاہتا ہوں۔

(ابواللیث کھڑا ہوجاتا ہے)

کیا تم نے مشہور فرانسیسی ادیب وِکٹر ہیوگو کا نام بھی سنا ہے؟

ابواللیث : جی نہیں۔

مولانا آزاد : تم نے اسے ایک بار پھر قتل کردیا ہے۔ میں نے اپنی تقریر میں اس کا ایک قول نقل کیا تھا، تم نے اس طرح اصلاح دی ہے، ''آزادی کا بیج کبھی بار آور نہیں ہوسکتا جب تک کہ دھرم کے پانی سے اس کی آبیاری نہ ہو۔'' یہ دھرم کا پانی کیا چیز ہوتی ہے ابواللیث؟ آزادی کا بیج کبھی بار آور نہیں ہوسکتا جب تک ظلم کے پانی سے، سمجھے ابواللیث، ظلم کے پانی سے اس کی آبیاری نہ ہو۔ تم لوگوں کی بدقسمتی یہ ہے کہ تم نہ تو دھرم سے واقف ہو اور نہ ظلم سے۔

ابواللیث : جلدی میں رہ گیا ہوگا۔

مولانا آزاد : ایک جگہ اور بھی تم جلدی میں تھے۔ تم لکھتے ہو، ''انھوں نے جیل خانے کی مصیبت کو برباد کیا ہے۔'' مہمل بات ہے۔ جملہ غالباً اس طرح ہوگا: ''انھوں نے جیل خانے کی مصیبت کو برداشت کیا ہے۔'' مشکل یہ ہے کہ انگریزی افسران تم جیسے لوگوں کو اہلِ زبان سمجھتے ہیں، ان کے نزدیک ہر وہ آدمی جو انگریزی زبان سے کسی مختلف لہجے میں آواز نکالے، اُردو کا اسکالر ہوتا ہے اور عدالتوں میں سند کے طور پر پیش کیا جاتا ہے۔ قبل اس کے کہ میں اپنا بیان ختم کروں، اپنے ہم وطن بھائیوں کی نسبت جو اس مقدمے میں میرے خلاف کام کررہے ہیں، وہی دعا مانگوں گا جو پیغمبرِ اسلامؐ نے ایک

موقع پر مانگی تھی؛ ''خدایا! ان پر راہ کھول دے کیونکہ یہ نہیں جانتے کہ یہ کیا کررہے ہیں۔'' اور آپ، مجسٹریٹ صاحب! زیاد سے زیادہ سزا جو آپ کے اختیار میں ہے، بلا تامّل مجھے دیجیے۔ مجھے شکایت یا رنج کا کوئی احساس نہ ہوگا۔ میرا معاملہ پوری مشینری سے ہے، کسی ایک پرزے سے نہیں ہے۔ میں جانتا ہوں کہ جب تک مشین نہیں بدلے گی، پرزے اپنا فعل نہیں بدل سکتے۔ مسٹر مجسٹریٹ! اب میں زیادہ وقت کورٹ کا نہ لوں گا۔ یہ تاریخ کا ایک دلچسپ اور عبرت انگیز باب ہے جس کی ترتیب میں ہم دونوں یکساں طور پر مشغول ہیں۔ ہمارے حصے میں یہ مجرموں کا کٹہرہ آیا ہے، تمھارے حصے میں وہ مجسٹریٹ کی کرسی۔

مجسٹریٹ : **(خفا ہوکر)** مولانا! عدالت اس کرسی کی توہین برداشت نہیں کرسکتی!

مولانا آزاد: میں تسلیم کرتا ہوں کہ اس کام کے لیے وہ کرسی بھی اتنی ضروری چیز ہے جس قدر یہ کٹہرہ۔ آؤ، اس یادگار اور افسانہ بننے والے کام کو جلد ختم کردیں۔ مؤرّخ ہمارے انتظار میں ہے اور مستقبل کب سے ہماری راہ تک رہا ہے۔ ہمیں جلد جلد یہاں آنے دو اور تم بھی جلد جلد فیصلہ لکھتے رہو۔ ابھی کچھ دنوں تک یہ کام جاری رہے گا۔ اور پھر مسٹر مجسٹریٹ، وہ وقت آئے گا جب ہم جگہوں کا تبادلہ کریں گے۔

(باآوازِ بلند) تم یہاں اس کٹہرے میں ہوگے اور ہم وہاں کرسی پر **(سرکاری وکیل کی طرف اشارہ کرکے)** اور تمھارے چہروں پر تمھارے اعمال کی پھٹکار ہوگی۔

(مولانا کی آواز جوں ہی اونچی ہوتی ہے، مجسٹریٹ ہتھوڑی سے میز کو ٹھونکتا جاتا ہے اور چلّاتا ہے)

مجسٹریٹ : مولانا! آپ پچھتائیں گے۔ عدالت برخاست کی جاتی ہے۔

(پردہ گرتا ہے)

کچھوا اور خرگوش اولمپک ریس میں

سراج احمد دُلار

کردار : کچھوا (عمر سو سال) | خرگوش نمبر ۱ (چنٹو، نوجوان، مزاج کا تھوڑا نرم تھوڑا گرم) | خرگوش نمبر ۲ (پینٹو، نوجوان، مزاج کا گرم) | بکری (بوڑھی، مصالحت پسند) | ریفری اور کچھ تماشائی

پہلا سین

(سمندر کے کنارے گھنی جھاڑیوں کے بیچ ایک پرانے ناریل کے درخت کے کھوکھلے حصے میں کچھوے کا مکان تھا۔ مکان کے احاطے میں سیپ، گھونگے اور کوڑیوں کے نقش و نگار کیے گئے ہیں۔ پاس ہی ایک بوڑھی بکری منہ مار رہی ہے۔ عقب میں تھوڑے تھوڑے وقفے سے سمندر کی لہروں کی آواز اُبھرتی اور تھم جاتی ہے)

(دائیں وِنگ سے دو نوجوان خرگوش غصّے میں بھرے داخل ہوتے ہیں)

پینٹو : **(غصّے میں)** بھائی چنٹو! یہی مکان ہے اس نالائق کچھوے کا۔

چنٹو : اچھا! تو یہاں رہتا ہے وہ۔ **(کچھوے کے مکان کا دروازہ کھٹکھٹاتا ہے)** ہیلو، ہیلو... اندر ہے کوئی...ارے بھائی کچھوے، ذرا باہر آنا۔

پینٹو : **(غصّے میں)** اسے تو بھائی کہتا ہے۔ **(دروازہ پیٹ کر)** او بزدل کی اولاد، دھوکے باز! باہر نکل۔ **(وقفہ)** اگر ایک منٹ میں تو باہر نہیں آیا تو ...تو دروازہ توڑ دیا جائے گا۔

بکری : کیا بات ہے بچو! بڑے آگ بگولہ ہو رہے ہو۔ او میرے خدا! مارے غصّے تمھاری آنکھیں انگارہ ہوئی جا رہی ہیں۔ خیریت تو ہے؟

پینٹو : بکری خالہ، پہلے یہ بتائیے۔ وہ سوسالہ بڈھا کچھوا یہیں رہتا ہے نا؟

بکری : ہاں، یہیں رہتا ہے۔ پر بات کیا ہے؟ میں بھی تو جانوں۔

چنٹو : ہم اس سے ملنے آئے ہیں۔

پینٹو : (غصّے میں) ملنے نہیں، بدلہ لینے آئے ہیں۔ اپنے آبا و اجداد کا بدلہ۔ کم بخت! آخر ہے کس کھیت کی مولی۔ کچا چبا جاؤں گا۔

بکری : شانت ہو جاؤ بیٹے۔ شانت ہو جاؤ۔ غصہ گرمی اچھی بات نہیں ہے۔

پینٹو : جو ہمارے دل پر بیت رہی ہے وہ تم کیا جانو بکری خالہ۔

چنٹو : (بکری سے) میں پوچھتا ہوں دھوکے بازی اور جھوٹ کا سہارا لے کر کسی کی برادری کو بدنام کرنا کہاں کی بہادری ہے؟

بکری : بات کیا ہے؟ بتاؤ بھی۔

پینٹو : (تیکھے انداز میں) بھولی نہ بنو بکری خالہ۔ جانتے ہوئے انجان بننے کا ناٹک کر رہی ہو۔

بکری : (بگڑ کر) دشمنوں کی آنکھ میں خاک۔ میں کوئی اَنتر گیانی ہوں جو دوسروں کے دل کی بات پڑھ لوں۔ کہنا ہو تو کہو... ورنہ جو جی میں آئے کرلو۔ ٹوکوں تو زبان کٹے۔ روکوں تو سینگ ٹوٹے۔

چنٹو : ناراض نہ ہوں خالہ جان! پینٹو نادان ہے۔ میں سارا ماجرا کہہ سناتا ہوں لیکن پہلے آپ یہ بتائیے یہ کچھوا کہاں گیا ہے؟

بکری : سوئمنگ کے لیے۔ آٹھ دن ہو گئے ہیں۔ بس اب آتا ہی ہوگا۔

پینٹو : (دانت پیس کر) ایک بار ہاتھ لگ جائے خالہ، کچومر بنا کر چٹ کر جاؤں گا۔

بکری : دھیرج سے کام لو بیٹا۔ غصّے کا تپا اور آگ کا جلا خاک میں مل جاتا ہے۔ غصہ بے وقوفی سے شروع ہوتا ہے اور ختم ہوتا ہے شرمندگی پر۔ غصہ گرمی ختم کرو اور مجھے سارا ماجرا کہہ سناؤ۔ اول فول بکو گے تو خالہ ناراض ہو جائے گی۔

چنٹو : پینٹو! بکری خالہ کو شروع سے لے کر آخر تک ساری باتیں بتا دے۔

پینٹو : تو ہی سنا... میری زبان بے قابو ہو جائے گی۔

چنٹو : **(آواز درست کرکے)** خالہ جان! تم تو جانتی ہو ایک چالاک خرگوش نے اپنی حکمتِ عملی سے ایک ظالم کو کنویں میں گرا کر جنگل کے سارے جانوروں کی جان بچالی تھی۔ بچائی تھی نا؟

بکری : ہاں، ہاں... بچائی تھی۔ آگے کہو۔

چنٹو : تم یہ بھی جانتی ہوگی خالہ جان کہ آج سے برسوں پہلے کچھوے اور خرگوش کے بیچ دوڑ کا مقابلہ ہوا تھا۔

بکری : ہاں، مجھے علم ہے۔ مجھے اس بات کا بھی علم ہے کہ خرگوش ریس ہار گیا تھا۔

پینٹو : **(ایک دم چراغ پا ہوکر)** وہ ہار نہیں تھی بکری خالہ... دھوکا تھا... فراڈ تھا۔

بکری : دھوکا؟ کیسا دھوکا؟

چنٹو : وہ ریس (Race) کچھوے نے دھوکا دے کر جیتی تھی۔

بکری : کیا مطلب؟

پینٹو : حقیقت جاننا چاہتی ہو **(اخبار نکالتا ہے)** لو 'جنگل ویکلی' کا تازہ شمارہ ... پڑھو اِسے۔

بکری : **(اخبار اُلٹ پلٹ کرتی ہے)** معاف کرنا بیٹے۔ اس وقت میرے پاس چشمہ نہیں ہے۔ تم ہی پڑھ کر سنا دو۔

پینٹو : **(اخبار دِکھا کر)** اس میں بی لومڑی کا انٹرویو شائع ہوا ہے۔

بکری : بی لومڑی کا... انٹرویو...؟ کس نے لیا؟

پینٹو : گدھا ڈھینچوی صاحب نے۔

بکری : **(ہنستی ہے)** گدھا ڈھینچوی نے۔ ہاں تو بھئی کیا بکا ہے گدھے صاحب نے؟

پینٹو : **(اخبار پڑھتے ہوئے)** گدھا ڈھینچوی صاحب نے بی لومڑی سے سوال کیا، "محترمہ! یہ بتائیے کیا جنگل کے جانور بھی انسانوں کی طرح ایک دوسرے کو دھوکا دیتے ہیں؟" بی لومڑی نے جواب دیا، "Of course، میں آپ کو مثال

دے کر بتلاؤں کہ کچھوے نے خرگوش کو دھوکے سے نیند کی گولیاں کھلا کر ریس آرام سے جیت لی تھی۔" (اخبار لپیٹتے ہوئے) اب تو آپ کی سمجھ میں آ گیا ہوگا ہم غصّے میں کیوں ہیں۔

چنٹو : آج اِس قصے کو انسانی برادری کے .جی کلاس سے لے کر کالج تک مزے لے کر پڑھا رہی ہے۔ ہماری برادری ذلیل ہو رہی ہے۔ پشت در پشت سنایا جا رہا ہے یہ قصہ۔

پینٹو : اور تو اور، اُردو والوں نے ضرب المثل تک بنالی ہے، "خوابِ خرگوش کے مزے لینا۔" آہ!

چنٹو : اُف! کیا بتائیں خالہ جان! آج ہماری یہ کیفیت ہے۔ ذرا سی آہٹ پاتے ہی ہم کسی کونے میں دبک جاتے ہیں۔ شرم کے مارے ہماری گردن نہیں اُٹھتی۔

پینٹو : بڑی بڑی کمپنیوں کے مالک ٹی وی اشتہار کے لیے آفر لاتے ہیں لیکن ہم قبول نہیں کرتے۔ بے چارے ہمارے کارٹونوں سے کام چلا رہے ہیں۔

چنٹو : اب تو ہم نے جادوگروں کی ٹوپیوں سے جھانکنا تک بند کر دیا ہے۔ لیکن آج کا اخبار پڑھنے کے بعد ہم نے ٹھان لیا ہے کہ برادری کے ماتھے پر لگا ہوا کلنک دھو کر رہیں گے۔

بکری : کیا تمھیں لومڑی کے انٹرویو اور گدھے کی تحریر پر پورا پورا بھروسا ہے؟

پینٹو : Hundred percent

بکری : سوچ لو...لومڑی مکار ہے اور گدھا بے وقوف۔

پینٹو : میں اتنا جانتا ہوں خالہ جان...'جنگل ویکلی' کا ایڈیٹر اُلّو نہیں ہے۔

بکری : تم بھول کر رہے ہو بیٹے۔ 'جنگل ویکلی' کا ایڈیٹر شیر ہے۔ تمھاری برادری سے بدلہ لینے کے لیے وہ بھی انتقام کی آگ میں جھلس رہا ہے۔ وہ تمھاری برادری کو بدنام کرنے کے لیے کوئی بھی ہتھکنڈا استعمال کرسکتا ہے۔ میری بات مانو۔

چنٹو : (بات کاٹ کر) پینٹو! وہ دیکھ...کچھوا آ رہا ہے۔

پینٹو : (دانت پیس کر) آج وہ رہے گا ... یا ... میں ... دن نکلے یا دم نکلے۔ آج فیصلہ ہوکر ہی رہے گا۔

چنٹو : بکرے کی ماں کب تک خیر منائے گی۔

بکری : ارے بھئی، تمھارے جھگڑے میں مجھے کیوں کھینچ رہے ہو؟

پینٹو : آ رہا ہے کم بخت رینگتا ہوا۔

بکری : دیکھو بچو! جھگڑا بربادی کی جڑ ہے۔

پینٹو : ہم جڑ ہی کاٹنے آئے ہیں خالہ ... نہ رہے گا بانس نہ بجے گی بانسری۔ (**پتھر اُٹھاتا ہے**)

بکری : چنٹو! سمجھاؤ اس نادان کو۔ کچھوے کی پیٹھ بڑی سخت ہوتی ہے۔ تلوار اُسے کاٹ سکتی ہے نہ ہتھوڑا توڑ سکتا ہے۔ کہاں وہ فولادی بدن، کہاں یہ روئی کا گالا۔

پینٹو : کیا بولی خالہ ... روئی کا گالا! (**خرگوش غصے میں اُچھل کود مچاتا ہے**)

کچھوا : (**داخل ہوتا ہے**) کیا بات ہے خرگوش میاں؟ بڑی اُچھل کود مچی ہے۔

بکری : کچھوا بھائی! یہ تم سے بدلہ لینے آئے ہیں۔

کچھوا : بدلہ؟ کس بات کا؟

پینٹو : دھوکا دھڑی کا۔

کچھوا : دھوکا دھڑی کا؟ میں سمجھا نہیں۔

پینٹو : خالہ جان سمجھائیے۔ عزت مآب، عالی جناب کچھوا صاحب کو۔ آج ان کی عقل تیرنے کی بجائے چرنے چلی گئی ہے۔ ہی ہی ہی

بکری : بھائی کچھوے! یاد کرو، ایک مرتبہ تمھارے اور خرگوش کے بیچ دوڑ کا مقابلہ ہوا تھا۔

کچھوا : (**سوچ کر**) ہاں، ہاں، ہاں، یاد آیا۔ اور مزے کی بات یہ ہوئی تھی کہ خرگوش میاں ہار گئے تھے ریس میں۔

بکری : لیکن ان حضرات کا کہنا ہے کہ وہ ریس تم نے دھوکے سے جیتی تھی۔

کچھوا : یہ بکواس ہے۔

پینٹو : یہ بکواس نہیں، حقیقت ہے۔

چنٹو : دوڑ سے پہلے تم نے ہمارے دادا خرگوش کو نیند کی گولیاں کھلا دی تھیں۔ گولیاں اثر کر گئیں۔ دادا خرگوش راستے ہی میں سو گئے اور مقابلہ تم نے جیت لیا۔

کچھوا : لاحول ولا قوۃ! کس کم بخت نے یہ غلط سلط خبر پھیلائی ہے۔

بکری : گدھا ڈھینچوی نے (اخبار دیتے ہوئے) لو پڑھ لو۔ بی لومڑی نے گدھے کو انٹرویو دیتے ہوئے یہ انکشاف کیا ہے۔

کچھوا : جھوٹ بولنے اور لکھنے کی بھی حد ہوتی ہے۔ مدیران بھی کیسے ہیں! بلاتحقیق کچھ بھی شائع فرما دیتے ہیں۔ (بکری سے) میں کہوں بہن، گدھا آخر بڑا گدھا... اب تم ہی بتاؤ اس زمانے میں نیند کی گولیاں تھیں بھی؟ (اخبار پھاڑتے ہوئے) سب بکواس ہے، سب جھوٹ ہے۔

پینٹو : یہ کیوں نہیں کہتے سچ کڑوا لگ رہا ہے۔

کچھوا : سچ اور جھوٹ کا فیصلہ کرنا ہے تو ابھی بلوا لیتے ہیں گدھا اور لومڑی کو۔

پینٹو : اس وقت وہ نہیں آسکتے۔

کچھوا : کیوں؟

پینٹو : وہ الیکشن میں مصروف ہیں۔ فیصلہ اب ہمیں ہی کرنا ہوگا۔

بکری : میری بات مانو تو ایک بات کہوں۔

پینٹو : کہو۔

بکری : پہلے غصہ تھوک دو۔

پینٹو : (تھوک کر) لو تھوک دیا۔

بکری : میری تجویز ہے... دوڑ کا مقابلہ... ایک بار پھر ہو جائے۔

چینٹو اور پینٹو : (ایک ساتھ) ہمیں منظور ہے۔

کچھوا : کیسی باتیں کرتی ہو بہن۔ میں کہاں سو سال کا بوڑھا، یہ کہاں آٹھ مہینے کے نوجوان۔

پینٹو : مقابلہ تو ہوگا جناب۔

کچھوا : اگر میں انکار کردوں تب؟

پینٹو : تب ہمیں گھی نکالنے کے لیے اُنگلی Fold کرنی پڑے گی۔ Understand you old man?

چینٹو : چپ رہو۔ (کچھوے سے) دیکھیے جناب! آپ مقابلہ کرنا نہیں چاہتے نہ کریں لیکن ہماری ایک بات ماننی ہوگی۔

کچھوا : کہو۔

چنٹو : آپ ایسا کیجیے کچھوا صاحب، سارے ٹی وی چینل پر اور دنیا کے سارے اخبارات میں یہ بیان دے دیجیے کہ کچھوے اور خرگوش کا قصہ بالکل جھوٹا ہے، بے بنیاد ہے، بکواس ہے۔ ایسا دوڑ کا مقابلہ کبھی ہوا ہی نہیں۔ یہ کسی شرارتی آدمی کی گڑھی ہوئی کہانی ہے۔

کچھوا : (زور سے ہنستے ہوئے) ہاہاہا...اجی جناب! ہونٹوں نکلی کوٹھوں چڑھی۔ یہ کہانی نہیں حقیقت ہے اور وہ ریس میں نے ہی جیتی تھی۔ میں جھوٹا بیان نہیں دے سکتا۔

پینٹو : تو پھر مقابلے کے لیے تیار ہو جاؤ۔

کچھوا : جا، نادان جا۔ کہیں اور آنکھیں دِکھا۔ تیری گیدڑ بھبکیوں میں مَیں آنے والا نہیں۔

چنٹو : بکری خالہ! کیا کہتی ہیں آپ؟

بکری : **(کچھوے کے کان میں کچھ کہتی ہے، وہ انکار کرتا ہے۔ لیکن تھوڑی ہی دیر میں مان جاتا ہے)** ٹھیک ہے بچو، مقابلہ ہوگا...ابھی اسی وقت، اسی جگہ۔ چلو پہلے کچھ کھاپی لو۔

پینٹو : ہوشیاری نہیں بکری خالہ ...ہم کھانے کھلانے کے چکر میں پڑنے والے نہیں۔ یہ مقابلہ اس جنگل میں نہیں ہوگا۔

بکری : تو پھر کہاں ہوگا؟

پینٹو : اولمپک گراؤنڈ پر۔

بکری : اولمپک گراؤنڈ پر؟ لیکن کیوں؟

چنٹو : لیکن ویکن کچھ نہیں... Date فکس کرو۔

بکری : Date ...ٹھیک ہے ... طے کر لیتے ہیں۔ (سوچ کر) آہا، کیا Date ہے! یہ مقابلہ ہوگا نہرو چاچا کے جنم دن کے موقع پر۔

پینٹو : یعنی کب؟

بکری : لگتا ہے تم نے اسکول کا منہ نہیں دیکھا ورنہ یہ سوال نہیں کرتے۔ اُلو کی دم! یہ مقابلہ ہوگا ۱۴ رنومبر کو۔ ٹھیک ہے؟

پینٹو : ٹھیک ہے! Done...اب آئے گا مزہ (کچھوے کی جانب حقارت سے دیکھ کر) یہ مقابلہ دنیا کے سارے چینل پر لائیو ٹیلی کاسٹ ہوگا۔ ہاہاہا۔

چنٹو : یہ مقابلہ دنیا کے بچے بوڑھے جوان سبھی دیکھیں گے۔

پینٹو : سب دیکھیں گے۔ دودھ کا دودھ ...اور ... پانی کا پانی ... ہاہاہا...

I will prove it, I am Johnson the great!

(عقب میں سمندری لہروں کی آواز تیز ہوتی ہے اور لائٹ آہستہ آہستہ ڈوب جاتی ہے)

دوسرا اسین

(اولمپک میدان ناظرین سے کھچا کھچ بھرا ہوا ہے۔ شور وغل اور ڈھول تاشوں کی آواز سے اسٹیڈیم گونج رہا ہے۔ کچھوا اور خرگوش Take of Block پر اپنا پیر جمائے ہوئے کھڑے ریفری کے اشارے کا انتظار کر رہے ہیں)

آوازیں: We want khargosh! We want khargosh!

آوازیں: We want kachwa! We want kachwa!

آواز : ہمت سے کام لو کچھوا صاحب! جیت ہماری ہوگی۔

آواز : کوئی معجزہ ہی کچھوے کو بچا سکتا ہے صاحب۔

آواز : یہ کچھوا ہے کس کھیت کی مولی؟

آواز : یہ منہ اور مسور کی دال۔

آواز : ابھی ہوا چاہتا ہے دودھ کا دودھ پانی کا پانی... ہاہاہا

آواز : (سیٹی بجاکر) یہ بیل اب منڈھے چڑھتی نظر نہیں آتی۔ ہاہاہا

پینٹو : ریفری صاحب ٹائم ہوگیا۔

ریفری : Attention please. ...ریس کا ٹائم ہو چکا ہے۔ بس کچھ ہی دیر میں فیصلہ آپ لوگوں کے سامنے ہوگا۔ مسٹر کچھوا اینڈ مسٹر خرگوش تیار ہو جاؤ۔

پینٹو : ارے بھائی، کب سے تیار ہیں۔ جلدی سے ایک دو تین کیجیے۔

ریفری : مسٹر خرگوش ! یہ تمھارا جنگل نہیں، اولمپک کا میدان ہے۔ تمھیں اولمپک کے ضابطے اور قاعدے قوانین کی پابندی کرنی ہوگی۔

پینٹو : مجھے سارے قاعدے قانون منظور ہیں۔ ریس جلدی شروع کیجیے۔ **(مونچھ پرتاؤ دے کر)** آج تاریخ اپنے آپ کو دہرائے نہیں بلکہ بدل دی جائے گی۔

ریفری : مسٹر کچھوا اینڈ خرگوش! میں ایک دو تین نہیں کہوں گا بلکہ پستول سے فائر کردوں گا۔

پینٹو : فائر!

ریفری : ہاں فائر... فائر ہوتے ہی دوڑ شروع ہو جائے گی۔ ٹھیک ہے Ready؟ **(فائر کی آواز گونجتی ہے)**

(کچھوا کچھ قدم آگے بڑھ کر اپنا سر خول میں چھپا لیتا ہے۔ شور شرابے اور بینڈ باجوں کی آوازیں تیز ہوجاتی ہیں)

آوازیں : Shame! Shame! Shame!

آوازیں: چلو پھر پانی میں ڈوب مرو۔

آواز : اس کم بخت پر میں نے پانچ ہزار کی شرط لگائی تھی۔ ہائے میرے پانچ ہزار!

آوازیں: ہپ ہپ ہرّے! ہپ ہپ ہرّے!

ریفری : Now! the race is over.

(شور میں کچھ سنائی نہیں دیتا ہے)

آواز : مبارک ہو، مبارک ہو!

بکری : مبارک ہو ... مبارک ہو بھائی صاحب! سر باہر نکالو۔ تمھارے چاہنے والے پھولوں کے ہار لیے کھڑے ہیں۔

ریفری : کچھوا صاحب! گردن باہر کیجیے۔ آپ نے ریس جیت لی ہے۔

کچھوا : (خول کے اندر سے) کیوں بوڑھے کا مذاق بنا رہے ہو یار!

بکری : بھائی صاحب! یہ مذاق نہیں، سچ ہے۔

(کچھوا خول سے باہر منہ نکالتا ہے۔ لوگ اس کی گل پوشی کرتے ہیں)

آوازیں: کچھوا صاحب زندہ باد! کچھوا صاحب زندہ باد!

کچھوا : وہ سب ٹھیک ہے بھائیو، پہلے مجھے یہ بتاؤ کہ میری جیت کیسے ہوئے؟

ریفری : Very easy! میں نے جونہی فائر کیا دھما کا سن کر خرگوش آگے بھاگنے کی بجائے پیچھے بھاگ لیے اور تم دو قدم آگے بڑھ گئے۔ بس میں نے خرگوش کا فاؤل دے دیا اور جیت تمھاری ہوگئی۔

آوازیں: ہپ ہپ ہرّے! ہپ ہپ ہرّے!

(کچھ لوگ کچھوے کو کندھے پر اُٹھا کر ناچنے گانے لگتے ہیں)

(پردہ گرتا ہے)

بھاپ کی چوری

احسان الحق

(اسٹیج کا پردہ اٹھتا ہے۔ بازار کا منظر ہے۔ بازار میں بڑی چہل پہل نظر آرہی ہے۔ ایک ڈبل روٹی والا خوانچہ لگائے بیٹھا ہے۔ اس کے قریب چھتریوں کی مرمت کرنے والا ایک شخص بھی اپنا سامان لیے بیٹھا ہوا ہے۔)

ڈبل روٹی والا : **(چھتری والے سے)** ارے بھائی۔ اتنا اچھا دن ہے اور تم منہ لٹکائے بیٹھے ہو!

چھتری والا : تمھارے لیے ہوگا اچھا دن۔

ڈبل روٹی والا: ایسی بھی کیا بات ہے، تمھارے لیے بھی خدا اچھا کرے گا۔

چھتری والا : آپ نے صحیح کہا لیکن اچھے موسم میں کسی بھلے آدمی کو یہ خیال نہیں آتا کہ بارش سے بچنے کے لیے چھتری ٹھیک کرا کے رکھ لے۔ اور پھر جاڑے میں چھتری کا کرے گا بھی کیا۔ آج کل جب میں آواز لگاتا ہوں 'ٹوٹی پھوٹی چھتری ٹھیک کرالو' تو مجھے ایسا لگتا ہے جیسے میں بے وقوف ہوں۔"

ڈبل روٹی والا: لیکن بھئی روٹی تو ہر موسم کی ضرورت ہے، جاڑا، گرمی، برسات۔ اس کے بغیر تو کام چل نہیں سکتا۔

(ایک خالی ٹرے کو صاف کرتا ہے)

سب بک گئیں۔ بس بے چاری یہ چھوٹی سی رہ گئی ہے۔

(وہ بچی ہوئی چھوٹی ڈبل روٹی کو ہاتھ میں اٹھاتا ہے)

چھتری والا : **(روٹی کو دیکھتے ہوئے)** شکر ہے تمھارا دن بہت اچھا رہا۔ **(جیب میں ہاتھ ڈالتے ہوئے)** میرے پاس اتنے پیسے تو ہوں گے کہ یہ روٹی خرید سکوں۔ ایک وقت

تو کٹ ہی جائے گا۔

ڈبل روٹی والا: ارے بھئی میں تم سے پیسے نہیں چاہتا۔ پیٹ تو سبھی کو بھرنا ہوتا ہے۔ چاہے وہ روٹی والا ہو چاہے چھتری والا۔

(ڈبل روٹی اٹھا کر چھتری والے کی طرف بڑھا دیتا ہے)

چھتری والا : **(پریشان ہوکر)** میرے پاس صرف پانچ پیسے ہیں۔

ڈبل روٹی والا: **(دکھ سے)** بس پانچ پیسے؟ اس کا مطلب ہے کہ تمھارا آج کا دن خراب گیا۔

چھتری والا : تو یوں کرو کہ مجھے آدھی روٹی دے دو۔

ڈبل روٹی والا: نہیں بھائی یہ کیسی باتیں کرتے ہو۔ تم یہ پوری لے لو اور اپنے پانچ پیسے بھی اپنی جیب میں رکھو۔ میرا سارا مال بک چکا ہے۔ اب میں اتنا کمینہ نہیں ہوں کہ اپنے دوست کو اتنی سی روٹی بھی نہ دے سکوں۔

چھتری والا : **(ہچکچاتے ہوئے روٹی لے لیتا ہے)** خدا تمھارے کاروبار میں برکت دے۔

ڈبل روٹی والا: مجھے شرم آرہی ہے کہ یہ اتنی چھوٹی ہے۔ کاش میرے پاس اور بھی ہوتی۔ سوکھی روٹی کھانا ویسے بھی مشکل ہوتا ہے۔

چھتری والا : خالی پیٹ میں یہ شاہی ٹکڑے کا مزہ دے گی۔

(سوچ کر) ایک ترکیب ہے۔ **(وہ ہوٹل کی طرف بڑھتا ہے۔ ایک پتیلی سے بھاپ نکل رہی ہے۔ چھتری والا بھاپ سونگھنے کے لیے ایک دو لمبی سانسیں لیتا ہے)** خوشبو سے معلوم ہوتا ہے کہ قورمہ پک رہا ہے۔ ایک زمانہ ہوگیا قورمہ کھائے ہوئے۔ لیکن آج...... آج تو میں اس کا مزہ لے کر رہوں گا۔

ڈبل روٹی والا: **(تعجب سے)** وہ کیسے؟ **(ہوٹل کی طرف اشارہ کرتے ہوئے)** وہ کنجوس پیسے بغیر تمھیں جھوٹا چمچہ تک پونچھنے نہ دے گا۔

چھتری والا : اس سے پوچھے گا کون؟ اِدھر دیکھو۔ **(ڈبل روٹی کو پتیلی کی بھاپ کے پاس لے جاتا ہے)** اس بھاپ سے میری ڈبل روٹی میں قورمے کا مزہ آجائے گا۔

ڈبل روٹی والا: واہ واہ! کیا ترکیب نکالی ہے۔ میں بھی اسے اپنے گھر میں آزماؤں گا۔

(چھتری والا ڈبل روٹی کو بھاپ پر سینک رہا ہے۔ اتنے میں ہوٹل کا مالک باہر نکلتا ہے۔ آہستہ آہستہ آگے بڑھتا ہے۔ چھتری والا ڈبل روٹی کو منہ میں رکھنے کے لیے جوں ہی ہاتھ اٹھاتا ہے پیچھے سے ہوٹل کا مالک اس کا ہاتھ پکڑ لیتا ہے)

ہوٹل والا : بدمعاش کہیں کے۔ کیا یہ مفت کا مال ہے؟ دس پیسے نکالو جیب سے۔

چھتری والا : کیا کہا آپ نے؟

ہوٹل والا : میں کہتا ہوں دس پیسے نکالو۔ سمجھے، دس پیسے۔

چھتری والا : دس پیسے، کاہے کے دس پیسے؟

ہوٹل والا : اس زعفرانی قورمے کی بھاپ چُرانے کے دس پیسے۔

چھتری والا : **(پریشانی سے ہنستا ہے)** قورمے کی بھاپ کے دس پیسے! بھاپ تو ہوا کے ساتھ اُڑ جاتی ہے اور ہوا...... ہوا تو مفت کی ہوتی ہے۔

ہوٹل والا : **(نقل اُتارتے ہوئے)** مفت کی ہوتی ہے۔ یہ آگ تم نے جلائی تھی؟ یہ مسالے، یہ گھی سب کا سب تم لائے تھے؟ اور یہ گوشت تمھارا لایا ہوا ہے؟

چھتری والا : گوشت تو آپ کا ہے حضور، لیکن اگر میں نے اپنی روٹی اس کی بھاپ پر رکھ دی تو اس میں آپ کا کیا خرچ ہوا؟ میں نے آپ کا قورمہ تو لیا نہیں ہے اور بھاپ تو اُڑ ہی رہی تھی۔ سارے بازار میں پھیل رہی تھی۔ خدا کی شان ہے صاحب۔ ہم نے تو کبھی سنا نہیں کہ کوئی قورمے کی بھاپ بیچتا ہو۔

ہوٹل والا : اور نہ ہم نے کبھی سنا کہ کسی چھتری والے کی پرورش مفت کے کھانے پر ہوتی ہے۔ یہ کُھلی ہوئی چوری ہے، ڈاکا ہے! سمجھے مسٹر۔

چھتری والا : اس کو چوری کہتے ہیں؟ تمھارے گھر میں کہتے ہوں گے۔

(دو اور گاہک وہاں آجاتے ہیں اور ان دونوں کی تکرار کو غور سے سنتے ہیں۔ ایک چھوٹا سا مست قسم کا آدمی داخل ہوتا ہے)

ہوٹل والا : لو وہ استاد آ گئے۔ کہو استاد سب خیریت ہے؟

استاد : سب خیریت ہے لیکن تمھارے یہاں خیریت نہیں معلوم ہوتی۔

ڈبل روٹی والا : کیوں نہ اُستاد کو ہی پنچ بنا دیں۔ وہ صحیح فیصلہ کریں گے۔

ہوٹل والا : ہاں اِنھیں پنچ بنا دو۔ **(چھتری والے سے)** ہم اپنے معاملے میں استاد کو پنچ بنا رہے ہیں؟ تمھیں منظور ہے؟

چھتری والا : **(خفا ہو کر)** میرے پاس ہے ہی کیا۔ کسی کو بھی بناؤ پنچ، کیا فرق پڑتا ہے۔

استاد : **(کرسی پر بیٹھ کر اونچی آواز میں)** کیا میں پوچھ سکتا ہوں کہ یہ کیا ہنگامہ ہو رہا ہے! اس بدتمیزی کے پیچھے کون بدمعاش ہے؟

ہوٹل والا : **(چھتری والے کو پکڑ کر سامنے لاتا ہے)** یہ ہے وہ بدمعاش!

استاد : **(چھتری والے کو اوپر سے نیچے تک دیکھتا ہے)** چھتریاں بناتے ہو؟ ہاں تو بھئی چھتری والے پہلے تم سناؤ یہ قصہ کیا ہے؟

چھتری والا : **(گھبراتے ہوئے)** سرکار ہوا یہ کہ... میں ایک غریب آدمی ہوں۔ آج میرا دھندا خراب رہا۔ میرے پاس کھانے کے لیے کچھ نہیں تھا تو ڈبل روٹی والے دوست نے مجھے ایک ڈبل روٹی دے دی۔ خالی ڈبل روٹی میں کوئی مزہ نہیں تھا۔ ان کے یہاں قورمہ پک رہا تھا۔ پتیلی سے گرم بھاپ نکل رہی تھی، میں نے سوچا کہ اپنی روٹی اُس بھاپ پر رکھ دوں۔ اِس کا مزہ کچھ بدل جائے گا۔ جب میں روٹی کو بھاپ پر سینک کر کھا رہا تھا تو یہ صاحب نکل آئے اور مجھے پکڑ لیا۔ کہنے لگے تم نے میری بھاپ چرائی ہے۔ اس کے دس پیسے دو۔

استاد : **(ہوٹل والے سے)** تم نے دس پیسے مانگے تھے اس سے؟

ہوٹل والا : استاد، یہ بھاپ میرے قورمے کی ہے۔ اگر میں گوشت خرید کر اسے نہ پکاتا تو بھاپ نکلنے کا سوال ہی پیدا نہ ہوتا۔ اگر یہ سمجھتا ہے کہ قورمے کی بھاپ استعمال کے لائق ہوتی ہے تو پھر اس لائق بھی ہے کہ اس کی قیمت ادا کی جائے۔

استاد : ٹھیک ہے۔ بالکل ٹھیک ہے۔

(ہوٹل والا بہت خوش ہوتا ہے)

استاد : (چھتری والے سے) تم میرے فیصلے کو تسلیم کرو گے؟

چھتری والا : (سر ہلاتا ہے) جی ہاں۔

استاد : (ہوٹل والے سے) اور تم؟

ہوٹل والا : آپ کا فیصلہ آخری ہوگا جو ہم دونوں کو تسلیم کرنا پڑے گا۔

استاد : (پھر چھتری والے سے) تمھارے پاس کچھ پیسے ہیں؟

چھتری والا : میرے پاس صرف پانچ پیسے ہیں۔

استاد : لاؤ، لاؤ۔ پانچ پیسے کافی ہیں، جلدی نکالو۔

(چھتری والا جیب سے سکہ نکال کر دیتا ہے)

اُستاد : (چھتری والے سے) یہ سکہ اس سل پر اُچھالو۔

(چھتری والا سکہ اُچھالتا ہے جس سے آواز پیدا ہوتی ہے)

استاد : ایک دفعہ اور...... (چھتری والا پھر سکہ سل پر بجاتا ہے)

استاد : (ہوٹل والے سے) سنا تم نے؟

(ہوٹل والا اقرار میں سر ہلاتا ہے۔ اُستاد کرسی سے اُتر آتے ہیں اور فیصلہ سناتے ہیں)

استاد : میرا خیال ہے کہ چھتری والے نے ہوٹل والے کے قورمے کی بھاپ کو غلط طریقے سے لیا ہے۔ یہ سراسر بے ایمانی ہے۔ کھلی ہوئی چوری ہے۔ (ہوٹل والا خوش ہوکر "استاد زندہ باد" کے نعرے لگاتا ہے)

استاد : (ڈانٹ کر) ٹھہرو... ابھی نہیں۔ میں سمجھتا ہوں کہ بھاپ کی قیمت پیسے سے ادا نہیں کی جاسکتی کیونکہ پیسہ تو قورمے کی قیمت ہے۔ (بھیڑ سے مخاطب ہوکر) کیوں ہے نا؟

بہت سی آوازیں: بالکل ٹھیک۔

استاد : قورمے کی بھاپ کی قیمت صرف پیسے کی کھنک سے ادا کی جاسکتی ہے جو

چھتری والا ادا کر چکا ہے۔

ہوٹل والا : نہیں سرکار، اس نے تو ابھی تک ایک پیسہ بھی ادا نہیں کیا۔

استاد : (غصّے سے) تم جھوٹ بولتے ہو، اُس نے قیمت ادا کر دی ہے۔

(پیسے کو زمین پر بجا کر) یہ آواز سنتے ہو؟ یہ آواز تمھارے قورمے کی بھاپ کی قیمت ہے۔ جس طرح قورمہ پتیلی میں رہا اور بھاپ اس روٹی میں چلی گئی۔اسی طرح اس سکے کی آواز تمھارے کانوں میں جا چکی ہے۔ آواز تمھارے کانوں میں رہے گی اور سکہ چھتری والے کی جیب میں رہے گا۔

("استاد زندہ باد" کا شور بلند ہوتا ہے اور پردہ گرتا ہے)

ایک مکڑا اور مکّھی

میرزا اَدیب

کردار : مکڑا (لڑکا) | مکڑے کی خالہ مکڑی (بوڑھی عورت) | مکّھی (لڑکی)

منظر : اسٹیج پر سامنے کی دیوار کے ساتھ ایک چھوٹی سیڑھی، اس کے اوپر ایک سیاہ رنگ کا ریشمی پردہ لٹک رہا ہے۔ یہ مکڑے کا گھر ہے۔ مکڑا سیڑھی سے نیچے اُترتا ہوا دِکھائی دیتا ہے۔ وہ گہرے خاکی رنگ کا چست لباس پہنے ہوئے ہے۔ اس کے ہاتھوں میں دستانے ہیں اور دستانوں میں اُنگلیاں مسلسل حرکت کررہی ہیں۔ جب مکڑا فرش پر آجاتا ہے تو بائیں طرف سے اس کی بوڑھی خالہ مکڑی داخل ہوتی ہے۔

خالہ مکڑی: اے میرے پیارے بھانجے!

مکڑا : ارے خالہ جان! آج ادھر کہاں سے؟

خالہ مکڑی: کیا مجھے دیکھ کر خوش نہیں ہوئے؟

مکڑا : بہت خوش ہوں خالہ جان! بہت خوش ہوں۔ فرمایئے میں آپ کی کیا خدمت کرسکتا ہوں۔

خالہ مکڑی: دو دن سے بھوکی ہوں۔ میرا گھر ایسی جگہ ہے جہاں دور دور تک کوئی مکّھی نظر نہیں آتی۔ آج بھوک سے بے تاب ہوکر تمھارے پاس آئی ہوں۔ مجھ بُڑھیا کو تو بس مکّھی کی ایک ٹانگ ہی کافی ہے۔ تھوڑا سا سر بھی دے دو تو پیارے بھانجے! یہ تمھاری مہربانی ہوگی۔

مکڑا : (کانوں پر ہاتھ رکھتے ہوئے) خالہ جان! یہاں جب مکّھی ہی نہیں تو پھر مکّھی کی

ٹانگ اور سر کہاں!

خالہ مکڑی: بھانجے! مجھ بُڑھیا کو کیوں بے وقوف بناتے ہو۔ تمھارا گھر تو ایسی جگہ ہے کہ اللہ جھوٹ نہ بلوائے، روز درجن بھر موٹی تازی مکّھیاں آ جاتی ہوں گی۔

مکڑا : خالہ جان! وہ پرانے وقتوں کی مکھیاں تھیں جو چپ چاپ ہمارے گھر میں آ جاتی تھیں۔ نئے زمانے کی مکھیاں بڑی چالاک ہوگئی ہیں۔ وہ مکڑوں کے گھروں میں جھانکتی تک نہیں ہیں۔ اِٹھلاتی، بھنبھناتی دور سے گزر جاتی ہیں۔

خالہ مکڑی: یہ نہ کہو پیارے بھانجے! مکھیاں تو ہمیشہ بے وقوف ہی ہوتی ہیں۔ تم اپنی خالہ کو بھوکوں مارنا چاہتے ہو تو یہ اور بات ہے۔

مکڑا : خالہ! آپ سے کیا پردہ۔ میں بھی دو دن سے بھوکا ہوں۔

خالہ مکڑی: ارے، تم بھی بھوکے ہو؟

مکڑا : ہاں خالہ جان۔

خالہ مکڑی: ہائے! کیسا برا زمانہ آ گیا ہے! مکّھیاں اِتراتی پھر رہی ہیں اور مکڑے بے چارے بھوکے بیٹھے ہیں۔ بھانجے، کیا دو دن سے ایک مکھی بھی ادھر سے نہیں گزری؟

مکڑا : خالہ جان! ابھی ابھی ایک مکھی ادھر سے گزری تھی۔

خالہ مکڑی: تو تم نے اسے اپنے گھر میں آنے کی دعوت نہیں دی؟

مکڑا : وہ تو اِدھر رُکی ہی نہیں۔ گیت گاتی ہوئی چلی گئی۔

خالہ مکڑی: تم نے اُس سے کچھ کہا نہیں؟

مکڑا : نہیں۔

خالہ مکڑی: **(ماتھے پر ہاتھ مار کر)** کیسا احمق بھانجا دیا ہے اللہ تعالیٰ نے۔ ارے، جب وہ آئی تھی تو اُس سے کہتے، اے بی بی رانی! روز ادھر سے گزرتی ہو، کبھی میری کٹیا کو بھی رونق بخشو، وغیرہ وغیرہ۔

مکڑا : اچّھا اب کہوں گا۔

خالہ مکڑی: **(ایک طرف کان لگا کر)** ارے بھانجے! یہ 'بھیں بھیں' کی آواز کیسی ہے؟

مکڑا : شاید وہی گانے والی مکھی ہے۔

خالہ مکڑی: تو میں چُھپ جاتی ہوں۔ دیکھو بھانجے! عقل مندی سے کام لینا۔ ہوشیاری سے بات کرنا۔ مجال ہے جو وہ نہ پھنسے۔ **(خالہ مکڑی بائیں دروازے کا پردہ ہٹا کر نکل جاتی ہے۔ مکھی آتی ہے۔ چھوٹے قد و قامت کی لڑکی، شلوار اور قمیص پہنے ہوئے۔ سیاہ رنگ کا دوپٹا جو سر سے ہو کر کمر تک جاتا ہے اور کمر کے اردگرد لپیٹ دیا گیا ہے۔ سر پر کالی ٹوپی، ہاتھ ہمیشہ ملتی رہتی ہے، آنکھوں پر کالے رنگ کی عینک۔ ناچتی کودتی ہوئی دائیں دروازے سے داخل ہوتی ہے۔ مکڑا اسے دیکھتا ہے اور دونوں بانہیں اوپر اُٹھا کر اس سے مخاطب ہوتا ہے)**

مکڑا : میں نے کہا بی بی رانی! ذرا سنو تو۔

مکھی : **(بڑی تمکنت سے)** کیا ہے؟ کیوں دو گز کی بانہیں اُٹھائے میری راہ میں کھڑے ہو گئے ہو؟

مکڑا : بی بی رانی! اس راہ سے تمھارا ہر روز گزر ہوتا ہے لیکن میری کٹیا کی کبھی قسمت نہیں جاگی۔ تم نے کبھی یہاں بھُولے سے بھی قدم نہیں رکھا۔

مکھی : کیوں رکھوں! میرا تمھارا واسطہ کیا ہے؟

مکڑا : غیروں سے نہ ملو تو کوئی بات نہیں ہے مگر اپنوں سے یوں کھنچ کے رہنا کیا ٹھیک ہے؟

مکھی : تم میرے اپنے ہو؟

مکڑا : اور کیا.....! آؤ، آؤ.... میرے گھر میں آؤ۔ اس میں میری عزّت ہے۔

مکھی : مجھے تمھاری عزّت وزّت سے کوئی دلچسپی نہیں ہے، سنا تم نے مکڑے میاں!

مکڑا : کیوں نہیں ہے؟ کیا میں اتنا بُرا ہوں؟

مکھی : جاؤ میاں۔ میری راہ کھوٹی نہ کرو۔ میری سہیلی انار کے موٹے موٹے دانے لیے بیٹھی میرا انتظار کر رہی ہے۔

مکڑا : ٹھیک ہے! وہ ذرا زیادہ انتظار کر لے گی۔ دیکھو، میرا گھر تمھارا منتظر ہے۔ تم آنا چاہو تو منظور ہو تو وہ سامنے سیڑھی ہے۔

مکھی : میں جانتی ہوں جو تمھاری سیڑھی پر چڑھا، پھر کبھی نہیں اُترا۔

(مکھی 'بھیں بھیں' کرتی ہوئی اور متواتر ہاتھ ملتی ہوئی بائیں دروازے سے نکل جاتی ہے۔ خالہ مکڑی آتی ہے)

مکڑا : خالہ جان! وہ تو اپنی سہیلی کے گھر انار کھانے چلی گئی۔

خالہ مکڑی: کھانے دو۔ کھا کر اور موٹی ہو جائے گی۔ آخر لوٹ کر اِدھر ہی سے گزرے گی نا!

مکڑا : وہ کیسے؟

خالہ مکڑی: تم نے اپنا گھر سجا رکھا ہے نا؟

مکڑا : بس یہ ریشمی پردہ ہے۔

خالہ مکڑی: اب وہ اِدھر آئے تو اُس سے اپنے گھر کی دل کھول کر تعریف کرنا۔ کہنا، اِس میں یہ ہے، وہ ہے۔ دور سے اُڑ کر آئی ہو، تھک گئی ہو، آرام کرلو، وغیرہ وغیرہ۔ سمجھ گئے نا؟

مکڑا : سمجھ گیا۔

خالہ مکڑی: بھانجے! بزرگوں کی نصیحتوں پر عمل کرو، کبھی گھاٹے میں نہیں رہو گے۔ اب میں جاتی ہوں۔ وہ آ رہی ہو گی۔

(خالہ مکڑی پردے کے پیچھے غائب ہو جاتی ہے۔ مکّھی آتی ہے)

مکڑا : بی بی مکّھی!

مکھی : جی مکڑے میاں!

مکڑا : انار مزیدار ہو گا؟

مکھی : جی ہاں، بہت مزیدار تھا! (طنزیہ انداز سے کہتی ہے) فرمائیے، کیا کہنا چاہتے ہیں حضور؟

مکڑا : بی بی مکّھی! میرے گھر تم کو آنا چاہیے۔ اگرچہ یہ دیکھنے میں باہر سے چھوٹی سی کٹیا نظر آتا ہے مگر اس کے اندر تمھیں دِکھانے کی بہت ساری چیزیں ہیں۔ دروازوں پر باریک پردے لٹکے ہوئے ہیں اور دیواروں کو میں نے آئینوں سے سجا رکھا ہے۔

مکھی : مکڑے صاحب!

مکڑا : جی مکّھی صاحبہ!

مکھی : ہوتم بڑے چالاک!

مکڑا : جی نہیں۔ میں تو تمھارا قدر داں ہوں اور بس۔

مکھی : تم نے سمجھ کیا رکھا ہے مجھے۔ فریبی کہیں کے!

مکڑا : کیوں ناراض ہوتی ہو؟ میں نے تمھارے بھلے ہی کی بات کی ہے۔ نہ جانے کہاں سے اُڑکر آرہی ہو۔ تھک گئی ہوں گی۔ میرے گھر میں نرم بچھونے ہیں۔ تھوڑا آرام کرلو۔

مکھی : ان نرم بچھونوں سے خدا مجھ کو بچائے۔ ان پر ایک بار کوئی سو جائے تو پھر کبھی اُٹھ نہیں سکتا۔ **(مکھی دائیں دروازے میں سے نکل جاتی ہے)**

(خالہ مکڑی بائیں دروازے سے اندر آتی ہے)

مکڑا : خالہ! میں اب آپ کی کوئی نصیحت نہیں مانوں گا۔

خالہ مکڑی: وہ کیوں پیارے بھانجے؟

مکڑا : آپ نے جو کچھ کہا تھا، میں نے اس سے کہہ دیا۔ پر وہ اتنی چالاک ہے کہ اس پر میری کسی بات کا اثر ہی نہیں ہوا۔

خالہ مکڑی: نا اُمید کیوں ہوتے ہو میاں بھانجے! ابھی ایک آخری ہتھیار باقی ہے جس سے کوئی بچ نہیں سکتا۔

مکڑا : اور وہ ہتھیار کیا ہے؟

خالہ مکڑی: وہ ہتھیار ہے خوشامد۔ اس سے جہاں میں سو کام نکلتے ہیں۔ دنیا میں جسے دیکھو وہی خوشامد کا بندہ ہے۔ یہ ہتھیار آزما کر دیکھو، ناکام نہیں رہو گے۔

مکڑا : خالہ جان! وہ کمبخت بڑی چالاک ہے۔

خالہ مکڑی: ہوتی پھرے! خوشامد سے پتھر دل بھی پگھل جاتے ہیں۔ اس کا دل بھی ضرور پسیجے گا۔ (بھیں بھیں کی آواز آتی ہے) وہ آ گئی! خوب خوب خوشامد کرنا۔

(خالہ مکڑی بائیں دروازے کے پردے کے پیچھے چلی جاتی ہے۔ مکھی آتی ہے)

مکڑا : خوش آمدید!

مکھی : شکریہ!

مکڑا : کیا پھر سہیلی نے بلایا ہے؟

مکھی : نہیں۔ اب کل جاؤں گی۔ زیادہ کھا لیا ہے۔ ٹہل رہی ہوں۔

مکڑا : ٹہلنے سے کھانا ہضم ہو جاتا ہے۔ واہ کیا ترکیب ہے۔ تم بڑی عقل مند ہو!

مکھی : سو تو میں ہوں۔

مکڑا : اللہ نے تمھیں بڑا رتبہ بخشا ہے، جو بھی تم کو ایک نظر دیکھتا ہے، اسے تم سے محبّت ہو جاتی ہے۔

مکھی : سچ کہتے ہو؟

مکڑا : اور کیا میں جھوٹ بولوں گا؟ تمھارے حسن کی تو تعریف نہیں ہوسکتی۔ تمھاری آنکھیں ہیں کہ ہیرے کی چمکتی ہوئی کنیاں ہیں اور تمھارا سر اللہ نے کلغی سے سجایا ہے۔ واہ واہ! سبحان اللہ! ہر شے بے حد پیاری ہے، بہت ہی خوب صورت!

مکھی : اچّھا!

مکڑا : جی ہاں۔ یہ حُسن، یہ پوشاک، یہ خوبی، یہ صفائی اور پھر تم اُڑتے ہوئے گاتی ہو تو اتنی اچھی لگتی ہو کہ ... کہ میرے پاس وہ الفاظ ہی نہیں جن سے تمھاری تعریف کرسکوں۔

مکھی : تم تو بڑے اچھے مکڑے ہو۔ اب تم سے مجھے کوئی کھٹکا نہیں۔ کسی کا دل توڑنا اچّھا نہیں ہوتا۔ میں تمھاری مہمان ضرور بنوں گی۔

مکڑا : تشریف لائیے۔ میں نے راہ میں آنکھیں بچھا رکھی ہیں۔

(مکڑی سیڑھی کی طرف جاتی ہے اور اوپر چڑھنے لگتی ہے۔ مکڑا اس کے پیچھے پیچھے آتا اور خالہ کو اشارہ کرتا ہے۔ خالہ مکڑی بھی اُدھر کا رخ کرتی ہے۔ آواز آتی ہے)

بھوکے تھے کئی روز سے اب ہاتھ جو آئی
آرام سے گھر بیٹھ کے مکھی کو اڑایا

(پردہ گرتا ہے)

دادی امّاں مان جاؤ

انیس اعظمی

کردار :

دادی امّاں	- عمر پچھتّر سال	امّاں	- عمر پینتالیس سال
ثمینہ	- بڑی بیٹی، عمر پندرہ سال	تہمینہ	- منجھلی بیٹی، عمر بارہ سال
روبینہ	- چھوٹی بیٹی، عمر آٹھ سال	کام والی	- ایک مراٹھی عورت
مہرو	- لڑکیوں کی پھوپھی		

(پردہ اُٹھتا ہے)

منظر : گھر کا کھلا آنگن، آنگن کے بعد بڑا سا دالان، دالان کی داہنی دیوار کے سہارے گاؤ تکیے سے ٹکی ہوئی دادی امّاں چھالیا کاٹ رہی ہیں۔ پان سے بھرا منہ چل رہا ہے۔ صبح سات سوا سات بجے کا وقت ہے۔ گھر کے سب لوگ اپنے کاموں میں مشغول ہیں۔ دالان کی بائیں جانب امّاں اسٹو پر چائے بنا رہی ہیں۔ ان کے سامنے برتن پھیلے ہوئے ہیں۔ دالان کے درمیانی حصے میں ثمینہ اسکول کا بستہ درست کر رہی ہے۔ تہمینہ بھی اسکول جانے کی تیاری میں مشغول ہے۔ قریب ہی اس کا بستہ رکھا ہے اور وہ جوتے پالش کر رہی ہے۔ تیسری بیٹی روبینہ جس کے بال کھلے ہوئے ہیں، اس نے اسکول یونیفارم پہن رکھا ہے۔ اس کے ہاتھ میں بڑا سا کنگھا ہے اور وہ اپنی ماں سے لگ کر بیٹھی ہے۔

دادی : اری ثمینہ بیٹی، دیکھو، میری چھالیا ختم ہوگئی ہے۔ ذرا لپک کے بن کی دکان سے

ایک روپے کی چھالیا تو لے آ۔

ثمینہ : دادی، تمھیں تو پتا ہے کہ ابا نے میرا دکان پر اور بازار میں جانا بند کرادیا ہے۔ پھر اب ایک روپے کی چھالیا بھی تو نہیں ملتی۔

دادی : اری آگ لگے اس مہنگائی کو، تہمینہ کہاں ہے، اسی سے منگوا لیتی ہوں۔

تہمینہ : دادی، مجھے اسکول کے لیے دیر ہو رہی ہے۔تم روبینہ سے منگا لو۔

دادی : اری بیٹا روبینہ، ذرا بنی کی دکان سے ایک روپے کی چھالیا تو لے آ۔

روبینہ : دادی، مجھے بھی تو اسکول جانا ہے۔کسی اور سے منگوا لو۔ (اماں سے) اماں، میری چوٹی باندھ دو نا، دیر ہو رہی ہے۔

دادی : اری کم بختو، تمھارا ناس جائے۔ اے تمھارے باوا نے تو تینوں کا داخلہ کرا دیا اسکول میں، ایک بھی میرے کام کی نہ رہی۔ جسے دیکھو اسکول بھاگی جا رہی ہے۔ ارے، اسکول میں ذرا سی دیر ہو جائے گی تو کون سی قیامت آ جائے گی۔

امّاں : روبینہ، تو لپک کے لے آ دادی کی چھالیا۔

روبینہ : اماں، اتنی دیر سے کہہ رہی ہوں، میری چوٹی باندھ دو۔کوئی سنتا ہی نہیں۔

امّاں : ارے ثمینہ، جلدی سے اس کی چوٹی تو باندھ دے۔

ثمینہ : اماں، مجھے دیر ہو رہی ہے اور ابھی کپڑے بھی پریس کرنے ہیں۔ دیر سے اسکول پہنچنے پر سزا ملتی ہے۔

دادی : **(غصے سے)** ستیاناس ہو اس پڑھائی کا! اری کیا ملے گا اس سے **(تینوں کو گھورتے ہوئے)** جسے دیکھو اسکول، اسکول، اسکول۔ آنے دو تمھارے باپ کو۔

امّاں : ثمینہ، ذرا اوپر جا کر اپنے ابا کو تو اُٹھا دے۔

ثمینہ : میں نہیں جا رہی۔ ایک تو اُٹھتے نہیں، اُٹھتے ہیں تو ڈانٹنے لگتے ہیں۔

دادی : اری، یہی پڑھتی ہو اسکول میں، اپنے گھر میں اپنے ہی باپ کی برائی! بیڑا غرق ہو جائے تمھارا۔

روبینہ : امّاں، اتنی دیر سے کہہ رہی ہوں، میری چوٹی باندھ دو نا۔

امّاں : دیکھ، میں ناشتہ بنا رہی ہوں (**آلو چھیلتے ہوئے**) او ثمینہ، اس کی چوٹی باندھ دے۔ اری سن رہی ہے یا کان بہرے کر رکھے ہیں۔

ثمینہ : بس سب میرے پیچھے پڑ جاؤ۔ اللہ کسی کو بڑی بیٹی نہ بنائے۔

روبینہ : اور چھوٹی بیٹی بھی نہ بنائے... باجی میری چوٹی بنا دو...

دادی : (**امّاں کی طرف دیکھتے ہوئے**) اے دلھن، اب ثمینہ کو بھی گھر بٹھا لو، جب اس کا دکان پر جانا بند کرا دیا تو اسکول سے بھی اُٹھا لو۔ اتنی بڑی ہوگئی پھر بھی نہ طریقہ نہ سلیقہ۔ جس گھر میں جائے گی، ہماری ناک کٹوائے گی۔

ثمینہ : جسے دیکھو میرے ہی پیچھے پڑا ہے... ابھی دسویں جماعت میں گئی ہوں۔ ابھی سے گھر بٹھا لو مجھے۔

دادی : اری تو تو بڑی کلّے دراز ہوگئی ہے، ناس پیٹی۔ اُٹھنے دے تیرے باوا کو۔ آج سبق سکھوا کے چھوڑوں گی۔ گز بھر کی زبان ہوگئی ہے۔

روبینہ : امّاں، میری چوٹی باندھ دو نا۔

امّاں : ثمینہ، دیکھ... تجھ سے آخری بار کہہ رہی ہوں، اس کی چوٹی باندھ دے۔

(پیچھے کے دروازے سے کام والی داخل ہوتی ہے۔ آنگن میں کپڑوں کا ڈھیر لگا ہے۔ ایک طرف بہت سارے سنے ہوئے برتن پڑے ہیں۔ وہ ان کے پاس آ کر کھڑی ہو جاتی ہے)

کام والی : میں تمھارے گھر کا کام نئیں کرے گی۔ اتنے سارے کپڑے اور اتنے سارے برتن نئیں دھوئے گی۔

دادی : اری او مہارانی، پیسے کس بات کے لیتی ہے؟

کام والی : بس دس کپڑے دھوئے گی مَیں اور بیس برتن۔ اس سے زیادہ نہیں۔

دادی : یہ بھی اسکول کی پڑھی لکھی لگے ہے... کلّے دراز کہیں کی۔ اری ذرا شکل تو دیکھ اپنی آئینے میں۔

امّاں : دھولے بائی دھولے، کپڑے کچھ زیادہ نہیں ہیں۔ سب چھوٹے چھوٹے کپڑے

ہیں۔

روبینہ : اے بی، دیکھنا کوئی میری چوٹی باندھ دونا۔

کام والی : تم روز یہی بولتی ہو کہ چھوٹا چھوٹا کپڑا ہے۔ کوئی چھوٹا کپڑا نہیں اور سب گندہ بھی بہت ہے۔ (ایک کپڑا اُٹھا کر) اس کا تو میل بھی نہیں چھوٹے گا۔

دادی : اے بی دلھن، دیکھنا اسے دھلے کپڑے دیا کرو دھونے کے لیے۔

امّاں : دیکھ، اکثر کم کپڑے بھی تو ہوتے ہیں۔ آج تھوڑے زیادہ ہیں۔

کام والی : تم روز ایسے ہی بولتی ہو۔

دادی : ستیاناس جائے کم بخت ماری، غارت ہو یہاں سے۔ جا، ہم دوسری بائی رکھ لیں گے۔

کام والی : اچھا، آج تو میں دھو لیتی۔ کل سے جاستی کپڑا نئیں دھوئے گی (کپڑے دھونے بیٹھ جاتی ہے) کل سے جاستی کپڑا ہوئیں گا تو اوپر سے پیسا لگے گا ہاں۔

دادی : ہاں، ہمارے ہی گھر سے عمر بھر کی روٹیاں سیدھی کرنا۔

امّاں : تہمینہ، اپنے ابّا کو اُٹھا دے۔ چائے بن گئی ہے۔

تہمینہ : اماں، نہ تو میرے کپڑے پریس ہوئے ہیں اور نہ ابھی تک جوتے پالش ہوئے ہیں۔ ایسے اسکول جاؤں گی تو ہماری پی ٹی میڈم ڈانٹیں گی۔

دادی : اے، کون ہے یہ ناس پیٹی؟

تہمینہ : دادی ... ناس پیٹی نہیں ... ہماری پیٹی میڈم۔

دادی : جانے کیا بکے جا رہی ہے؟ اری کس کا ذکر ہے، آخر پتا تو چلے۔

تہمینہ : ہمارے اسکول کی میڈم ہیں جو ہمیں پی ٹی کرواتی ہیں۔

دادی : (بات کو سمجھتے ہوئے) ناس جائے تمھارا۔ استانی نہیں کہہ سکتی۔

امّاں : (مسکراتے ہوئے) امّاں، اسکولوں میں اب استانی کو میڈم کہتے ہیں۔

ثمینہ : اور کھیل کو دسکھانے والی استانی کو پی ٹی ٹیچر کہتے ہیں۔

دادی : اری چل، بڑی آئی مجھے سمجھانے والی۔ اُٹھنے دے اپنے ابّا کو آج تیرا انتظام

کراتی ہوں۔ اری لڑکی، گڑ نہ دے مگر گڑ کی سی بات تو کر۔

(برقع پہنے ہاتھ میں ٹوکری لیے ایک نوجوان عورت گھر میں داخل ہوتی ہے)

مہرو : السلام علیکم امّاں۔ **(مہرو دادی کے قریب جا کر بیٹھ جاتی ہے)**

تینوں بچیاں: پھپھو آ گئیں، پھپھو آ گئیں۔ **(مہرو کو دیکھ کر خوش ہو جاتی ہیں)**

دادی : وعلیکم السلام **(پیار سے مہرو کی طرف دیکھتے ہوئے)** اری مہرو، خیر تو ہے بیٹا؟ صبح ہی صبح کیسے آ گئی؟ اکیلی ہی آئی ہو کیا؟

امّاں : اری مہرو بہن، صبح ہی صبح کیسے آنا ہوا؟ سب خیریت ہے نا؟

مہرو : اسکول کی اچانک چھٹی ہو گئی نا۔

روبینہ : پھپھو، کون سے اسکول کی چھٹی ہو گئی اور کیوں ہو گئی؟

مہرو : کوئی مر گیا ہے۔

دادی : **(چہرے پر خوف طاری کرتے ہوئے)** اے کون مر گیا؟ خیر تو ہے بیٹا؟

مہرو : امّاں، کسی دوسرے ملک کا کوئی بڑا آدمی مر گیا ہے اس لیے آج سارے اسکولوں کو چھٹی ہو گئی۔

دادی : اے، میرا تو دل دھڑک گیا کہ جانے کون مر گیا۔

روبینہ : اماں، اسکول کی چھٹی ہو گئی، تو کیا اب کوئی میری چوٹی نہیں باندھے گا؟

کام والی: کام ختم ہو گیا۔ اب ہماری بھی چھٹی۔ اب میں جاتی۔

امّاں : ٹھیک ہے بہن، باہر کا دروازہ بند کرتی جانا۔

مہرو : چلو بھئی، اب تو اسکول کی چھٹی ہو گئی۔ یہ بستے وستے رکھو اور چین سے بیٹھو۔ اری ثمینہ، بیٹھ جا بیٹی۔

دادی : چلو دفع ہو اپنے کمرے میں، صبح سے دماغ خراب کر رکھا ہے۔

ثمینہ : (بستہ بند کرتے ہوئے) دادی، وہ تو ہمیں ہی پتا ہے کہ کس نے کس کا دماغ خراب کر رکھا ہے۔ کوئی نہ جانے اللہ جانتا ہے۔

مہرو : کیا بات ہے ثمینہ، کیسے بول رہی ہے تو؟

ثمینہ : (سسکیاں لیتے ہوئے) پھپھو دیکھو نا، ہر وقت دھمکاتی رہتی ہیں کہ آج سے تیرا اسکول جانا بند... (پھوٹ پھوٹ کر رونے لگتی ہے)

مہرو : ارے ارے، تم تو رو رہی ہو۔ نہیں... شاباش... جاؤ اپنے کمرے میں۔ تہمینہ! اسے کمرے میں لے جاؤ۔

تہمینہ : (ثمینہ کا ہاتھ پکڑ کر) چل ثمینہ۔

(تینوں جاتی ہیں)

مہرو : (بچوں کے چلے جانے کے بعد) کیا بات ہے امّاں، بچوں پر اتنا ناراض کیوں ہو رہی تھیں؟ ہر وقت کی ڈانٹ ڈپٹ اچھی نہیں۔

دادی : اری کام کی نا کاج کی، خالی اسکول اور پڑھائی کی۔ کیا ملے گا اس پڑھائی سے ان کو؟

مہرو : امّاں، اللہ کے واسطے ان کی پڑھائی بند مت کرانا۔ جتنا پڑھتی ہیں، پڑھنے دو۔

دادی : اری، تجھے بھی کیا ان لڑکیوں نے پڑھا دیا۔ یہ لو، ہماری بلّی ہمیں سے میاؤں۔

مہرو : میرے پڑھانے کی ذمہ داری تو تم پر تھی امّاں۔ تم نے مجھے پڑھایا ہی نہیں اور میرا دل ہی جانتا ہے کہ میں کتنی مشکل میں ہوں۔

دادی : اری کیسی مشکل؟ (دادی سنجیدہ ہو جاتی ہیں)

مہرو : عامر کے ابو نے اس کا داخلہ انگریزی اسکول میں کرا دیا ہے۔ وہ پہلی کلاس میں ہے اور میں اس کا ہوم ورک بھی نہیں کرا سکتی۔

دادی : اے، کیا نہیں کرا سکتی؟

مہرو : ارے وہ اسکول کا کام۔

امّاں : ارے، تو کوئی ماسٹر ہی رکھ لو، وہ پڑھا دیا کرے گا۔

دادی : اری، تو یہ سب کرنے کی ضرورت کیا ہے؟ اچھا چلو، وہ تو خیر سے لڑکا ہے لیکن ہمارے گھر میں ان تینوں لڑکیوں کا اسکول جانا مجھے بالکل پسند نہیں۔

مہرو : امّاں، خدا کے واسطے ان کی پڑھائی بند نہ کرانا۔ اگر یہ پڑھ لکھ جائیں گی تو انھیں

اس مشکل سے دو چار ہونا نہیں پڑے گا جو مجھ پر بیت رہی ہے۔ اور پھر پڑھنے کے بعد یہ اپنے پیروں پر بھی کھڑی ہوسکتی ہیں۔ بھابھی، پڑھی لکھی عورت اتنی بے سہارا نہیں ہوتی...

امّاں : چاہتی تو میں بھی یہی ہوں کہ یہ دسویں تک پڑھ لیں (آہستہ سے) لیکن امّاں کی مرضی نہیں ہے۔ اب تم ہی بتاؤ میں کیا کروں۔

مہرو : بھابھی، اب دسویں پاس کرنے سے کچھ نہیں ہوتا۔ انھیں تو بی اے کراؤ، ایم اے کراؤ... ٹیچر بناؤ، نرس بناؤ۔ امّاں! ایمان سے، دیکھنا کتنے اچھے اچھے رشتے آئیں گے۔ میں بھائی جان سے بھی بات کروں گی۔

دادی : اے ہمیں نہ کرانی نوکری... دنیا کیا کہے گی؟

مہرو : امّاں، وہ میری بچپن کی سہیلی تھی نا عقیلہ...!

دادی : اے ہاں وہی نا، بے چاری کا تین چار مہینے پہلے میاں مرگیا۔ بڑا افسوس ہوا۔ جمعہ کو دلھن بنی اور ہفتے کو بیوہ ہوگئی۔ بے چاری پر بجلی ٹوٹ پڑی ہے۔ اب اسے نہ کوئی میکے میں پوچھتا ہے اور نہ سسرال میں۔ ارے اس کا میاں کیا ختم ہوا، اس کی تو دنیا ہی ختم ہوگئی۔

مہرو : امّاں، اب تمہی بتاؤ، خدا نہ کرے، اگر تمھاری پوتیوں کے ساتھ ایسا ہوجائے تو کہاں جائیں گی وہ؟ بھابھی، یہ جتنا پڑھتی ہیں، ان کو پڑھنے دو۔ جو عورت پڑھی لکھی ہوتی ہے، اس کے آگے اتنی مشکلیں نہیں آتیں جتنی ہم جیسوں کے آگے آتی ہیں۔ عقیلہ کی مثال تمھارے سامنے ہے۔ کہتے ہیں جس میں چمک نہیں، وہ ہیرا نہیں اور جس میں دمک نہیں وہ عورت نہیں۔ اور دمک تعلیم سے آتی ہے۔

امّاں : دیکھنا امّاں، مہرو بات تو بالکل ٹھیک کہہ رہی ہے۔

دادی : **(ایک لمحہ سوچنے کے بعد اونچی آواز میں بچیوں کو پکارتے ہوئے)** دیکھو لڑکیو، تمھیں جہاں تک پڑھنا ہے پڑھو۔ اب میں پڑھائی کے لیے تمھیں کبھی نہیں روکوں گی

...اور آج اسکول کی چھٹی ہوگئی تو کیا؟ بستے کھولو اور پڑھنا شروع کرو۔

(تینوں لڑکیاں گردن نکال کر جھانکتی ہیں۔ حیرت سے دادی کو اور ایک دوسرے کو دیکھتی ہیں)

ثمینہ : **(حیرت اور خوشی سے)** دادی، کیا تم ہم سے کہہ رہی ہو؟

دادی : اری ہاں لڑکی، ہاں۔

(ثمینہ اور تہمینہ ایک ساتھ دوڑتی ہوئی آتی ہیں اور دادی سے لپٹ جاتی ہیں)

ثمینہ : دادی، دادی تم اب ہمیں اسکول جانے سے کبھی نہیں روکوگی؟

دادی : **(پیار سے دونوں کو گلے لگاتے ہوئے)** اری نہیں لڑکیو! نہیں روکوں گی۔

روبینہ : **(کھلے ہوئے بالوں سمیت دوڑتی ہوئی آتی ہے اور دادی کے سامنے کھڑی ہوجاتی ہے)** دادی، دادی کیا تم میری چوٹی باندھ دوگی؟

دادی : ہاں، پر ایک شرط ہے۔

روبینہ : کیسی شرط؟

دادی : میں روز تیری چوٹی باندھوں گی لیکن تو مجھے روزانہ ایک گھنٹا پڑھائے گی۔ بول، منظور ہے؟

روبینہ : **(اچھلتے ہوئے)** لوسنو، دادی مجھ سے کہہ رہی ہیں کہ میں انھیں روزانہ ایک گھنٹا پڑھایا کروں۔

(دادی شرما کر منہ چھپاتی ہیں۔ پھر اشارے سے روبینہ کو چپ ہونے کو کہتی ہیں۔ روبینہ شور مچاتی رہتی ہے)

مہرو : اے امّاں، ایمان سے! کیا تم اس عمر میں پڑھوگی؟

دادی : اری ہاں بیٹا۔ ہرج ہی کیا ہے؟

ثمینہ : دادی اماں، روبینہ کو تو ٹھیک سے پڑھنا بھی نہیں آتا، وہ تمھیں کیا پڑھائے گی؟

دادی : **(ثمینہ کو لپٹاتے ہوئے)** اری ناس پیٹی! تو تو کس دن کام آئے گی۔ آج سے تو ہی روزانہ مجھے پڑھا دیا کر ...اور اگر تیری امّاں راضی ہو تو اسے بھی پڑھا دے ...

اری مہرو، تو بھی ثمینہ کی شاگردی میں آجا... کہتے ہیں صبح کا بھوُلا شام کو گھر لوٹ آئے تو اسے بھوُلا نہیں کہتے۔

(سب ہنسنے لگتے ہیں)

مہرو : امّاں، اب اس عمر میں تم کیا پڑھوگی؟

دادی : لو بوا، تیلی کا تیل جلے، مشعلچی کا دل جلے۔ **(اماں کی طرف دیکھتے ہوئے)** اے دلھن، تم بھی بسم اللہ کرو۔ پڑھائی میں کیسی شرم؟

مہرو : بھائی جان کو کوئی جاکر اُٹھائے اور کہے کہ اماں کے واسطے بستہ لے آئیں۔

(دادی امّاں تھوڑا شرماتی ہیں۔ سب آکر ان کو گھیر لیتی ہیں اور زور زور سے ہنسنے لگتی ہیں)

روبینہ : ارے، کوئی میری چوٹی تو باندھ دو۔

(پردہ گرتا ہے)

قسمت بیگ

سلام بن رزّاق

کردار :	قسمت بیگ/ تیمور شاہ	-	خانساماں شہزادہ
	مہاراجا	-	محمود آباد کے راجا
	فرید خان	-	شاہی ملازم
	بیگم زینت محل	-	بہادر شاہ ظفر کی بیوی
	افسر	-	انگریز فوج کا ہندوستانی سپاہی

(ہلکی ہلکی موسیقی کی آواز... دھیرے دھیرے موسیقی کی آواز فیڈ آؤٹ ہوتی ہے۔)

فیڈ آؤٹ ... (موسیقی)

...فیڈ اِن...

قسمت بیگ: آداب عرض ہے، مہاراج!

مہاراجا : آؤ، آؤ قسمت بیگ، کہاں چلے گئے تھے؟

قسمت بیگ: حضور! میری ڈیوٹی ختم ہوگئی تھی۔ ہم لوگ چھے چھے گھنٹے کی ڈیوٹی کرتے ہیں۔ میرے لائق کوئی کام ہو تو حکم دیجیے۔ آپ کی خدمت میرے لیے باعثِ عزّت ہوگی۔

مہاراجا : خدمت کے لیے تو یہاں کے دوسرے ویٹر اور ہمارے نوکر کافی ہیں۔ ہم تو تم سے کچھ باتیں کرنا چاہتے ہیں۔

قسمت بیگ: حضور! یہ تو آپ کی ذرّہ نوازی ہے ورنہ میں کیا اور میری باتیں کیا۔

مہاراجا : نہیں قسمت بیگ، تم عام ویٹروں جیسے نہیں ہو۔ تمھارے طور طریقے، تمھارا اندازِ گفتگو، تمھاری سلیقہ مندی بتاتی ہے کہ تم دوسروں سے مختلف ہو۔ ہمیں اپنے بارے میں بتاؤ۔ تم کون ہو؟ کہاں کے رہنے والے ہو؟ اس پیشے میں کیوں کر آئے؟

قسمت بیگ: (آہ بھر کر) حضور! آپ کا حکم سر آنکھوں پر... ویسے ایک عرصہ ہوا میں نے یہ بھلا دیا کہ میں کون ہوں اور نہیں چاہتا کہ راکھ میں دبی چنگاریوں کو کوئی کریدے۔

مہاراجا : یہ کہہ کر تو تم نے ہمارے تجسّس کی آگ کو اور بھڑکا دیا ہے قسمت بیگ ! ہم تمھاری روداد ضرور سننا چاہیں گے۔

قسمت بیگ: (پھر آہ بھر کر) آپ کے حکم سے منہ موڑنا گستاخی کے مترادف ہوگا۔ آپ کا اصرار ہے تو سنیے ... میں ایک آدمی ہوں۔ نسل کے لحاظ سے تیموری مغل ہوں۔ پیشے کے لحاظ سے یہاں تاج محل ہوٹل کا خانساماں ہوں۔ عمر کے لحاظ سے بڈھا ہوں۔ طبیعت کے اعتبار سے کبھی بچہ ہوتا ہوں، کبھی جوان ... شب و روز میری کوشش رہتی ہے کہ ایک اچھے انسان کی طرح زندگی گزاروں۔ جھوٹ نہیں بولتا، چوری نہیں کرتا، ظلم اور بے رحمی سے بچتا ہوں۔ خدمتِ خلق کو اپنا مقصدِ زندگی مانتا ہوں۔ اگر چہ فقیر ہوں لیکن دل کے تخت پر شہنشاہ ہوں۔

مہاراجا : ہم پہلے ہی سمجھ گئے تھے کہ تم میں کوئی خاص بات ہے۔ تم معمولی حیثیت کے آدمی نہیں ہوسکتے۔ مگر یہ جان کر مزید حیرت ہوئی کہ تم تیموری خاندان سے ہو۔

قسمت بیگ: (جوش سے) تیموری خاندان تو کب کا مٹ چکا ہے۔ یہ سوال فضول ہے کہ میں کس خاندان سے تعلق رکھتا ہوں۔ میں اس سوال کی کشمکش میں پڑنا اپنے دل کے لیے آری سمجھتا ہوں جو میرے دل کو چیر دیتی ہے۔

مہاراجا : قسمت بیگ ! ہمیں تمھارے بے پناہ غم کا پورا احساس ہے۔ اگر واقعی اس سوال سے تمھیں دُکھ ہوا ہے تو جانے دو۔ ہم اپنا سوال واپس لیتے ہیں۔

قسمت بیگ: نہیں حضور! مجھے معاف فرمائیں۔ میں ذرا جوش میں آ گیا تھا۔ انسان کو اپنی موجودہ حیثیت دیکھنا چاہیے۔ آج چوں کہ میں ایک خانساماں ہوں، اس لیے ارشاد کی تعمیل کرتا ہوں۔ میں ان لوگوں میں سے نہیں جو 'پدرم سلطان بود' کہہ کر اپنے ماضی پر فخر کریں یا افسوس کریں۔ اور میں ان لوگوں میں سے بھی نہیں جو مستقبل کے انتظار میں ہاتھ پر ہاتھ دھرے بیٹھے رہتے ہیں۔ حضور! میں ماضی کا مالک ہوں، حال کا مالک ہوں اور مستقبل کا بھی مالک ہوں۔

مہاراجا : قسمت بیگ ! ہم تمھاری داستان تفصیل سے سننا چاہتے ہیں۔

قسمت بیگ: حضور! میں بہادر شاہ ظفر کا بیٹا ہوں۔

مہاراجا : کیا کہا... بہادر شاہ ظفر کے بیٹے ؟ یعنی کہ آخری مغل شہنشاہ بہادر شاہ ظفر کے بیٹے ؟

قسمت بیگ: جی ہاں حضور ! میں مغلیہ سلطنت کے آخری چشم و چراغ بہادر شاہ ظفر کی اولاد ہوں۔

مہاراجا : یعنی کہ تم مغل شاہزادے ہو؟

قسمت بیگ: شاہزادہ نہیں، آہ زادہ ہوں۔ دنیا کی مصیبتوں کی سب زدیں میں نے اُٹھائی ہیں۔ میرا اصلی نام تیمور شاہ ہے۔ میری ماں کا نام بیگم زینت محل تھا مگر بادشاہ کسی وجہ سے میری ماں سے خفا تھے اور میں اپنی ماں کے ساتھ محل خاص سے دور ایک حویلی میں رہتا تھا۔ بادشاہ کی طرف سے نوکر چاکر اور گھوڑا بگھی کا پورا انتظام تھا۔ کسی چیز کی کمی نہیں تھی۔ جب ۱۸۵۷ء کا انقلاب ہوا تو میری عمر دس گیارہ سال رہی ہوگی۔ بادشاہ نے گھبراہٹ میں خود محل کی بیگمات کا انتظام بہت ادھورا کیا تھا۔ اس وقت انھیں شاید میرا اور

میری ماں کا خیال تک نہ آیا ہوگا۔ مارے دہشت کے سارے نوکر چاکر بھاگ چکے تھے۔ صرف فرید خاں رہ گیا تھا، جس نے مجھے گودی میں کھلایا تھا۔ وہ محل کی طرف گیا تھا کہ کچھ بادشاہ کی خیر خبر بھی معلوم کرے۔ توپوں کی گرج اور بندوقوں کی دھائیں دھائیں سنائی دے رہی تھی۔ میری ماں مجھے کلیجے سے لگائے بیٹھی کانپ رہی تھی کہ اتنے میں فرید خان واپس آ گیا۔ (موسیقی)

...فیڈ آؤٹ...

(توپوں کی گرج اور گولیوں کی ہلکی ہلکی آواز)

... فیڈ اِن ...

فرید خان : **(گھبرائے لہجے میں)** بیگم حضور! محل خاص بالکل خالی پڑا ہے۔ پتا چلا ہے کہ عالی جاہ اور ساری بیگمات ہمایوں کے مقبرے میں پناہ گزیں ہیں۔ شاہزادہ مرزا مغل اور شاہزادہ مرزا خضر سلطان مٹھی بھر جاں نثاروں کے ساتھ کشمیری دروازے پر انگریزوں سے لڑ رہے ہیں مگر کوئی دم میں ان کے قدم بھی اُکھڑنے کو ہیں۔

بیگم زینت محل: یا اللہ! اب ہم کیا کریں؟ اس معصوم کو لے کر کہاں جائیں؟

تیمور شاہ : امّی حضور! آپ ہمارے لیے فکرمند نہ ہوں۔ بس ہمیں ایک چھوٹی سی تلوار دے دیجیے۔ استاذی ارشد بیگ نے ہمیں بھی تلوار کے بہت سے گر بتائے ہیں۔

بیگم زینت محل: میں صدقے جاؤں ...ابھی تو تم بہت چھوٹے ہو۔ انگریز بہت ظالم ہے۔ فرید خان! ہم تیمور شاہ کو لے کر ہمایوں کے مقبرے کی طرف جا رہے ہیں۔ ہماری طرف سے تمھیں اجازت ہے، جہاں جانا چاہتے ہو جا سکتے ہو۔ ہمارے لیے تم کیوں بلا وجہ آفت میں پڑو۔

فرید خان : بیگم حضور! بندہ اُن نمک حراموں میں سے نہیں ہے جو محض طلوع ہوتے سورج کی پوجا کرتے ہیں۔ آپ جہاں جائیں گی بندہ سایے کی طرح آپ کے ساتھ آئے گا۔ آپ کو چھوٹے سرکار کی قسم! مجھے اپنے قدموں سے جدا نہ کیجیے۔ اگر آپ کی حفاظت کے لیے بندے کو جان سے بھی ہاتھ دھونا پڑے تو دریغ نہیں کرے گا۔

بیگم زینت محل: فرید خان! ہمیں تمھاری وفاداری پر فخر ہے۔ ہمارا خیال ہے، عالی جاہ بڑی افراتفری میں محل سے رخصت ہوئے ہیں۔ ہمیں بھی مقبرۂ ہمایوں کی طرف چلنا چاہیے۔

فرید خان : بیگم حضور! اس وقت مقبرۂ ہمایوں کا رُخ کرنا موت کو دعوت دینے کے برابر ہے۔ سارے راستے انگریزوں نے گھیر لیے ہیں۔ میری مانیے تو آپ قدم شریف کی طرف چلیے۔ میں دیکھتا آیا ہوں، وہاں انگریزوں کا پہرہ نہیں ہے۔

بیگم زینت محل: مگر فرید خان! ہم عالی جاہ کو انگریزوں کے نرغے میں چھوڑ کر کیوں کر جاسکتے ہیں؟

فرید خان : مشیتِ ایزدی بیگم حضور! زندگی باقی رہی تو عالی جاہ کے دیدار بھی ہوجائیں گے۔

بیگم زینت محل: (آہ بھر کر) ٹھیک ہے فرید خان! ہم موت سے نہیں ڈرتے ...بس مرنے سے پہلے صرف ایک بار عالی جاہ کے قدموں میں سر رکھ کر ان سے معافی مانگنا چاہتے ہیں ...خیر ...چلنے کی تیاری کرو... **(گولیوں کی آواز)**

فرید خان : بیگم حضور! جلدی کیجیے، انگریز بڑھا چلا آ رہا ہے۔

بیگم زینت محل: چلو بیٹا تیمور۔ **(گولیاں چلنے کی آوازیں، لوگوں کی چیخ و پکار)**

...فیڈ آؤٹ...

... فیڈ اِن ...

(دور سے اب بھی رہ رہ کر گولیاں چلنے کی آوازیں آ رہی ہیں)

فرید خان : بیگم حضور! یہ جگہ مناسب ہے۔ آپ اور چھوٹے سرکار اس حجرے میں آرام کیجیے۔ میں دالان میں نگرانی کروں گا۔

تیمور : امّی حضور! ہم عالی جاہ کے پاس کب جائیں گے؟

بیگم زینت محل: راستے میں دشمنوں کا پہرہ ہے بیٹے۔ ذرا یہ گولیوں کی دھائیں دھائیں تھم جائے تو وہیں چلے چلتے ہیں۔ اب تم سو جاؤ۔

... فیڈ آؤٹ ...

... فیڈ اِن ...

فرید خان : (گھبرائے ہوئے لہجے میں) بیگم حضور!... بیگم حضور!

بیگم زینت محل: کیا ہے فرید خان؟

فرید خان : بیگم حضور! غضب ہو گیا۔ سپاہیوں نے قدم شریف کو چاروں طرف سے گھیر لیا ہے۔ وہ آپ کی گرفتاری کے درپے ہیں۔ سپاہیوں کا افسر آپ سے ملنا چاہتا ہے۔

بیگم زینت محل: ہم کسی انگریز افسر سے کیا بات کریں۔ تم انھیں صورتِ حال سے آگاہ کر دو۔

فرید خان : افسر انگریز نہیں، ہندوستانی ہے۔ کہتا ہے وہ دروازے کے باہر سے دو چار سوالات پوچھنا چاہتا ہے۔

بیگم زینت محل: (سرد آہ بھر کر) ٹھیک ہے۔ آنے دو۔

(موسیقی)

افسر : آداب بجا لاتا ہوں بیگم حضور! اس زحمت کے لیے میں آپ سے معافی کا خواستگار ہوں۔

بیگم زینت محل: معافی ... ایک شکست خوردہ بادشاہ کی بیگم جو مجبوری اور بے کسی کی منہ بولتی

تصویر ہو، اسے کسی کو معاف کرنے کا بھی اختیار کہاں ہوتا ہے؟

افسر : ایسا نہ کہیے بیگم حضور! انگریز بھلے ہی آپ سے جو چاہے سلوک کریں مگر ایک ہندوستانی ہونے کے ناتے آپ کا احترام کرنا میرا فرض ہے۔

بیگم زینت محل: فرض؟ ہمارے احترام سے پہلے ایک ہندوستانی ہونے کے ناتے تم پر کچھ اور فرائض بھی عائد ہوتے ہیں، سپاہی زادے!

افسر : میں آپ کا مطلب نہیں سمجھا بیگم حضور!

بیگم زینت محل: کیا اپنے بادشاہ کا احترام کرنا اور جنگ میں اپنے ملک، اپنے بادشاہ کی خاطر سینہ سپر ہونا ایک سپاہی زادے کا فرض نہیں ہے؟

افسر : بیگم حضور! ہم انگریزوں کے تنخواہ دار ملازم ہیں۔ جنگ میں ان کے حکم کی تعمیل کرنا ہی ہمارا پہلا فرض ہے۔

بیگم زینت محل: تم کیا سمجھتے ہو؟ انگریز نے چند سکوں کے عوض تم سب کے ضمیر بھی خرید لیے ہیں۔تم بھول رہے ہو کہ تم انگریز کے سپاہی ہونے سے پہلے ایک ہندوستانی ہو۔

افسر : بے شک ہم ہیں۔

بیگم زینت محل: نہیں ...تم لوگ ہندوستانی نہیں ہوسکتے سپاہی زادے۔تم اگر ہندوستانی ہوتے تو سنگینوں سے اپنے بھائیوں کے سینے چھلنی نہ کرتے، بہنوں کا سہاگ نہ اُجاڑتے، ماؤں کی گودیں نہ اُجاڑتے۔تم ہندوستانی نہیں ہو۔تم صرف انگریزوں کے نمک خوار ہو۔ اُن کے غلام ہو بس۔

افسر : بیگم حضور! یہ بحث کا وقت نہیں ہے، پھر بھی ایک بات عرض کردوں۔ ہم اپنے وطن سے، اپنے وطن کے بھائیوں سے وفاداری نبھانے کو تیار تھے مگر ہم کس کے ساتھ وفاداری نبھاتے؟ کس کے پرچم تلے ہم یکجا ہوتے؟ کون ہمارا رہبر ہوتا؟ کون ہمیں انقلاب کی راہ دِکھاتا؟ کوئی نہیں۔ کوئی قیادت پائیدار نہیں تھی۔ صبح جو پرچم لہراتا شام کو سرنگوں ہوجاتا تھا۔ کس کا ساتھ

دیتے؟

بیگم زینت محل: سب کہنے کی باتیں ہیں۔ جن کو لڑنا تھا، انھوں نے لڑ کر اپنی جانِ عزیز وطن پر قربان کر دی۔

افسر : ہم اندھی لڑائی لڑنا نہیں چاہتے تھے۔

بیگم زینت محل: سچ ہے۔ تم لوگ اندھی لڑائی لڑنا نہیں چاہتے تھے، جن کا جذبہ سرد اور ضمیر بے حس ہو جاتا ہے، وہ کسی بھی قسم کی لڑائی نہیں لڑ سکتے ... خیر ... بتاؤ، ہمیں کہاں چلنا ہے؟

افسر : وِلسن صاحب کا حکم ہے کہ شاہی خاندان کے ہر فرد کو عزّت و احترام کے ساتھ کیمپ میں پہنچا دیا جائے۔

بیگم زینت محل: کیمپ میں؟

افسر : جی ہاں ... جامع مسجد کے پاس ایک کیمپ لگا دیا گیا ہے۔ شاہی خاندان کے بہت سے افراد کو انھی خیموں میں رکھا گیا ہے۔

بیگم زینت محل: اگر بتا سکتے ہو تو بتاؤ کہ عالی جاہ کو کہاں رکھا گیا ہے؟

افسر : اس کا علم سوائے وِلسن صاحب کے کسی اور کو نہیں۔

بیگم زینت محل: خیر ... چلو۔ فرید خان! چلنے کی تیاری کرو ... تیمور بیٹے! چلو ... نہیں اب ہماری اُنگلی مت پکڑو۔ آئندہ زندگی کا سفر تمھیں اکیلے ہی طے کرنا ہے۔ خبردار! گھبرانا مت ... تیموری شاہزادے ہر حال میں ثابت قدم رہتے ہیں۔

(موسیقی) ... فیڈ آؤٹ ...

... فیڈ اِن ...

بیگم زینت محل: فرید خان! اس تنگ قبر نما خیمے میں ہمیں کب تک رہنا ہوگا؟

فرید خان : بس کل تک ... کل شام کو ہمیں چاندنی محل بھجوا دیا جائے گا۔ بہت سے شاہزادوں اور بیگمات کے ساتھ ہمیں بھی چاندنی محل میں ایک چھوٹا سا دو

کمروں کا مکان دیا گیا ہے...اور...

بیگم زینت محل: اور کیا فرید خان؟

فرید خان : (روتے ہوئے) اور... دس روپے ماہوار گزارے کے مقرر کردیے گئے ہیں۔

بیگم زینت محل: دس روپے؟

فرید خان : جی ہاں... صرف دس روپے۔

بیگم زینت محل: (آہ بھرکر) مت روؤ فرید خان۔ انسان کو ہر حال میں خدا کا شکر ادا کرنا چاہیے۔ اللہ جانتا ہے، ہمیں اپنی رتّی بھر فکر نہیں۔ اگر فکر ہے تو بس تیمور شاہ کی ہے کہ ہمارے بعد شہزادے کا کیا ہوگا؟ ابھی اس کی عمر ہی کیا ہے۔ اللہ اسے اپنی امان میں رکھے۔ چاندنی محل چلنے کی تیاری کرو۔ جب کشتی کے بادبان ٹوٹ جائیں تو اسے ہواؤں کے رُخ پر چھوڑ دینا ہی بہتر ہوتا ہے۔ ...(موسیقی)

... فیڈ آؤٹ ...

... فیڈ اِن ...

مہاراجا : (ٹھنڈی سانس کھینچ کر) تمھاری داستان سن کر دنیا کی بے ثباتی کا نقشہ آنکھوں میں گھوم جاتا ہے قسمت بیگ ...اچھا یہ بتاؤ، تمھارا اصلی نام تو تیمور شاہ تھا پھر قسمت بیگ نام کس نے رکھا؟

قسمت بیگ: میری قسمت نے ...اس کے علاوہ کیا عرض کروں۔ میں جب دہلی سے بمبئی آیا، ہر شخص کو میں نے اپنا نام قسمت بیگ بتایا۔

مہاراجا : تم نے اس خانساماں کے کام کے علاوہ کچھ اور کام نہیں سیکھا؟ تمھاری باتوں سے تو لگتا ہے تم کافی پڑھے لکھے ہو۔

قسمت بیگ: نہیں حضور! میں کبھی مکتب نہیں جاسکا۔ دراصل دہلی میں چاندنی محل کے قریب ایک خانقاہ تھی، میں وہاں اکثر جایا کرتا تھا۔ خانقاہ میں ایک درویش

رہا کرتے تھے، ان کی باتیں سنتا رہتا تھا۔ ان کا مجھ پر اثر ہوتا تھا۔ یہ جو منہ کھولنے کی جرأت کرلیتا ہوں، انھیں درویش کی صحبت کا فیض ہے۔

مہاراجا : چلو، ہم تمھیں اپنی ریاست میں لے چلتے ہیں، جو تنخواہ یہاں ملتی ہے، اس سے دوگنی تنخواہ دیں گے اور تمھاری باتیں سنا کریں گے۔ کوئی کام نہیں لیں گے۔

قسمت بیگ: حضور! یہ عین بندہ نوازی ہے لیکن جس نے اس دنیا کے انقلاب کو سمجھ لیا، وہ کہتا ہے کہ ایک دروازے کو پکڑ اور مضبوط پکڑ، در بدر بھٹکتا نہ پھر۔ اس ہوٹل میں میری عزّت بھی ہے اور مزاج داری بھی ہے۔ صاحب لوگ بھی میری بدمزاجیوں کو برداشت کرلیتے ہیں۔ ضرورت کے موافق ہر چیز موجود ہے۔ آپ ہی فرمائیے میں آپ کے ساتھ آ کر کیا کروں؟ اور اس عمر میں ایک جگہ کو چھوڑ کر جہاں کوئی تکلیف نہیں ہے، آپ کے یہاں کیوں آؤں؟

مہاراجا : خوب ... قسمت بیگ ، ہم تمھارے جواب سے بے حد خوش ہوئے۔ یہ لو، ہماری طرف سے یہ انعام رکھو۔

قسمت بیگ: یہ کیا ہے حضور؟

مہاراجا : یہ ایک ہزار روپے کا چیک ہے۔ اس کو اپنے خرچ میں لانا۔ آئندہ بھی ہر سال ہوٹل کے منیجر کی معرفت ہزار روپے تم کو مل جایا کریں گے۔

قسمت بیگ: **(بھرّائی آواز میں)** اس نوازش کے لیے میں آپ کا شکر گزار ہوں حضور ... **(آہستہ آہستہ)** شکر گزار ہوں .... بہت شکر گزار ہوں۔

(دھیرے دھیرے گیت کی آواز اُبھرتی ہے)

گیت : نہ کسی کی آنکھ کا نور ہوں ، نہ کسی کے دل کا قرار ہوں
جو کسی کے کام نہ آسکے ، میں وہ ایک مشتِ غبار ہوں

... فیڈ آؤٹ ...

قصہ سوتے جاگتے کا

ڈاکٹر نیر مسعود

کردار : ہارون رشید - آٹھویں صدی عیسوی میں اسلامی دنیا کے خلیفہ
ابوالحسن - بغداد کا ایک نوجوان　جعفر - ہارون رشید کا وزیر
مسرور - ایک سردار　کافور - حبشی غلام
ابوالحسن کی ماں
تین پڑوسی، داروغہ اور دوسرے درباری، امیر، افسر، کنیزیں اور غلام

منظر - ۱

مقام : بغداد کا پل

(ابوالحسن دجلہ کے پل پر بیٹھا ہوا اِدھر اُدھر دیکھ رہا ہے۔ خلیفہ ہارون رشید ایک غلام کے ساتھ سوداگر کے بھیس میں آتے ہیں)

ابوالحسن : (خلیفہ سے) بھلے آدمی، تمھارا لباس بتاتا ہے کہ تم بغداد کے رہنے والے نہیں ہو۔

خلیفہ : میاں، تم نے خوب پہچانا۔ میں موصل کا سوداگر ہوں۔

ابوالحسن : بس تو بھائی موصل کے سوداگر! کیا آج رات میرے غریب خانے پر چلنے کی زحمت کروگے؟ وہاں ہم دونوں عمدہ کھانا کھائیں گے۔

خلیفہ : بڑے شوق سے چلوں گا۔ بھلا اتنی محبت سے دی ہوئی دعوت کون ٹھکرا سکتا ہے؟

ابوالحسن : (اُٹھ کھڑا ہوتا ہے) آؤ چلو... (رُک کر) مگر ایک شرط ہے اور وہ یہ کہ ہماری دوستی

صرف آج تک رہے گی۔

خلیفہ : **(حیران ہوکر)** یہ کیسی شرط ہے بھائی؟ تم تو عجیب آدمی معلوم ہوتے ہو!

ابوالحسن : یہ شرط اس لیے ہے کہ کہیں تم میرے دوست نہ بن جاؤ۔ میں دشمنوں سے اتنا نہیں ڈرتا جتنا دوستوں سے۔

خلیفہ : بھائی! آخر معاملہ کیا ہے؟

ابوالحسن : معاملہ میں سمجھائے دیتا ہوں۔ **(پُل پر بیٹھ جاتا ہے۔ خلیفہ اور غلام بھی بیٹھ جاتے ہیں)**

خلیفہ : ہاں، اب سناؤ۔

ابوالحسن : میرا نام ابوالحسن ہے۔ میں ایک امیر سوداگر کا بیٹا ہوں۔ باپ کے مرنے کے بعد ساری دولت میرے ہاتھ آئی جسے میں نے دل کھول کر خرچ کیا۔ روپیا آخر کب تک چلتا؟

خلیفہ : بے شک، اگر قارون کا خزانہ بھی اس طرح لٹایا جائے تو ایک دن ختم ہی ہوجائے گا۔

ابوالحسن : اسی طرح میری بھی دولت ختم ہوگئی۔ اب غریبی جو آئی تو دوستوں نے ایک ایک کر کے کھسکنا شروع کردیا۔ ایک مرتبہ میں نے اپنے ان دوستوں سے کچھ روپیا قرض مانگا مگر انھوں نے ٹکا سا جواب دے دیا۔

خلیفہ : مطلب کے دوست اس کے سوا اور کیا دے سکتے ہیں؟

ابوالحسن : پھر میں نے کچھ جائداد بیچ کر روپیا اِکٹھا کیا اور اس سے چھوٹا موٹا کاروبار شروع کردیا۔ اب جو پیسے ملتے ہیں، انھیں مزے مزے خرچ کرتا ہوں۔ میں روز کسی اجنبی کو گھر لے جاتا ہوں۔ اس کے ساتھ کھانا کھاتا ہوں اور سویرے تڑکے اُسے رخصت کردیتا ہوں۔ یہ اس لیے کہ دوستوں کی وجہ سے مل بیٹھ کر کھانے کی عادت پڑ گئی ہے۔ بس یہ ہے میری کہانی۔

خلیفہ : دوست، تم تو بڑے مزے کے آدمی ہو! چلو، مجھے تمھاری دعوت منظور ہے۔

ابوالحسن : آؤ چلیں۔

منظر۔۲

مقام : ابوالحسن کا مکان

(ابوالحسن اور خلیفہ کھانا کھا چکے ہیں اور شربت پی رہے ہیں۔ طشتریوں میں میوے رکھے ہیں)

خلیفہ : واللہ ابوالحسن ! میں نے دنیا جہان کے کھانے کھائے مگر یہ مزہ کہیں نہ پایا جو تمھارے یہاں ملا۔ جی چاہتا ہے روز ہم تم مل کر اسی طرح کھایا پیا کریں۔

ابوالحسن : دل تو میرا بھی یہی چاہتا ہے۔

خلیفہ : ٹھیک ہے۔ اچھا تم آرام کرو۔ میں اب سوتا ہوں۔ لیکن میں چاہتا ہوں کہ تمھارے اس احسان کے شکریے میں کچھ میں بھی تمھاری خدمت کروں۔

ابوالحسن : تمھارا یہی احسان کیا کم ہے کہ تم نے میری دعوت قبول کی۔ (**کچھ سوچ کر**) میں ایک مصیبت میں پھنسا ہوا ہوں مگر تم پردیسی اس میں میری کیا مدد کر سکتے ہو؟

خلیفہ : بتاؤ، بتاؤ۔ شاید میں کسی کام آسکوں۔

ابوالحسن : بھائی، ہمارے محلے میں ایک امیر شخص ہے۔ اس کے چار یار بھی ہیں۔ یہ پانچوں مل کر محلے بھر کا ناک میں دَم کیے ہوئے ہیں۔

خلیفہ : (**سوچتے ہوئے**) مگر اُن کا علاج کیا ہونا چاہیے۔

ابوالحسن : علاج ....؟ (**غصّے میں فرش پر ہاتھ مار کر**) اگر خدا ایک دن کے لیے مجھے خلیفہ ہارون رشید کی جگہ دے دے تو تمھیں بتاؤں کہ ان لوگوں کا علاج کیا ہو سکتا ہے؟

خلیفہ : بھلا وہ کیا؟

ابوالحسن : وہ یہ کہ اس منحوس آدمی اور اس کے چاروں گرگوں کی پیٹھ پر سو سو کوڑے لگوا دوں۔ پھر اُن سے کہوں کہ دیکھو، پڑوسیوں کو ستانے کی یہی سزا ہے۔

خلیفہ : (**کچھ سوچ کر مسکراتا ہے**) کون جانے، خدا تمھیں سچ مچ ایک دن کے لیے خلیفہ بنا دے۔

ابوالحسن : تم میرا مذاق اُڑاتے ہو ! اور ٹھیک بھی ہے۔ اگر خلیفہ سن لے تو وہ بھی میری

خوب ہنسی اُڑائے۔

خلیفہ : **(ابوالحسن کا ہاتھ پکڑ لیتا ہے)** کیا بات کرتے ہو دوست۔ تم نے میری اتنی خاطر کی۔ بھلا میں تمھارا مذاق اُڑاؤں گا۔ اچھا آدھی رات ہونے آئی ہے۔ اب سونا چاہیے۔

ابوالحسن : یہ تھوڑا سا شربت بچ رہا ہے۔ اسے بھی ختم کردو۔ اور سویرے یہاں سے چلتے وقت باہر کا دروازہ بند کرتے جانا۔

خلیفہ : ٹھیک ہے۔ مگر یہ بچا ہوا شربت تمھیں میرے ہاتھ سے پینا پڑے گا۔

(ابوالحسن کی نظر بچا کر اس میں بے ہوشی کی دوا ملا دیتے ہیں جسے پیتے ہی ابوالحسن بے ہوش ہوجاتا ہے)

منظر ۔ ۳

مقام : خلیفہ کا محل

(خلیفہ داخل ہوتے ہیں۔ پیچھے پیچھے غلام ابوالحسن کو کندھے پر لادے ہوئے آتا ہے)

خلیفہ : دیکھو! **(ابوالحسن کی طرف اشارہ کرکے)** اس جوان کو میں ایک دن کے لیے اپنی جگہ دے رہا ہوں۔ تمھارا فرض ہے کہ جس طرح مجھے سلاتے ہو، اسی طرح اِسے سلاؤ۔ جس طرح مجھے سرکہ سنگھا کر جگاتے ہو، اسی طرح اِسے بھی جگاؤ۔ جس طرح مجھے امیر المومنین کہہ کر پکارتے ہو، اسی طرح اسے بھی امیر المومنین کہہ کر پکارو۔ جعفر اور مسرور کو بلاؤ۔

(جعفر اور مسرور آکر سلام کرتے ہیں)

خلیفہ : **(سلام کا جواب دے کر)** مسرور! ایک دن کے لیے میری جگہ یہ جوان تمھارا آقا ہے۔ جس طرح روز سویرے تم مجھے نماز کے لیے اُٹھاتے ہو اسی طرح اس کو بھی اُٹھانا اور جعفر! کل یہ آدمی میری جگہ تخت پر بیٹھے گا۔ جس طرح میرا حکم مانتے ہو، اسی طرح اس کا بھی حکم ماننا۔ جس کو یہ سزا دِلوائے، اس کو فوراً سزا دینا اور

جس کو یہ انعام دِلوائے، اس کو فوراً انعام دینا۔ بس اب تم اس کو میرے کپڑے پہنا کر بستر پر لٹاؤ۔ میں صبح یہیں چھپ کر اس کے جاگنے کا تماشا دیکھوں گا۔

منظر ۔ ۴

مقام : خلیفہ کی خواب گاہ

(ابوالحسن بڑے بے تکے پن سے خلیفہ کے بستر پر سو رہا ہے۔ دور سے مرغ کی آواز سنائی دیتی ہے۔ پھر کہیں قریب ہی سے اذان کی آواز آتی ہے۔ خدمت گار داخل ہوتے ہیں۔ مسرور ابو الحسن کو جگانے کے لیے کپاس کے پھاہے کو سرکے میں تر کرکے اس کی ناک کے قریب کرتا ہے۔ ابوالحسن زور سے چھینکتا ہے)

ابوالحسن : (آنکھیں بند ہیں) آخ ... تھو۔ (ایک کنیز لپک کر سونے کا اُگالدان اس کے منہ کے آگے کر دیتی ہے) کیا مزے کی نیند آئی تھی۔ (رضائی کو اپنے اوپر کھینچنا چاہتا ہے لیکن اس کی نرمی محسوس کرکے آنکھیں کھول کر اسے غور سے دیکھتا ہے) کتنی عمدہ !...م ...مگر یہ تو میری نہیں ہے۔ (سامنے کھڑی ہوئی کنیزوں اور غلاموں پر نظر پڑتے ہی بوکھلا کر اُٹھ بیٹھتا ہے۔ ایک ایک کنیز اور غلام کو باری باری گھور کر دیکھتا ہے۔ کچھ دیر تک بیٹھا رہتا ہے۔ آخر چہرے پر اطمینان کی جھلک آجاتی ہے۔ بڑبڑاتا ہے) آہ، خواب ! مگر کتنا حسین ! (آنکھیں بند کرکے لیٹنے لگتا ہے۔ سامنے پردے کے پیچھے سے خلیفہ جھانکتے ہیں اور پھر ہٹ جاتے ہیں)

مسرور : (آگے بڑھ کر ابوالحسن کے شانے پر ہاتھ رکھتے ہوئے) امیر المومنین اُٹھیے، نماز کا وقت جا رہا ہے۔

ابوالحسن : ایں ؟ امیر المومنین ؟ یعنی خلیفہ؟ (دیدے نچاتا ہے) مگر بھلے مانُس میرا نام ابوالحسن ہے۔

مسرور : (ہنستا ہے) حضور مذاق فرما رہے ہیں ...اور ابوالحسن کون؟ حضور کی زبان سے پہلی مرتبہ یہ نام سن رہا ہوں !

ابوالحسن : (حیرت سے مسرور کو تکتا ہے) میں جاگ رہا ہوں کہ سو رہا ہوں؟

مسرور : امیر المومنین ! کیا خدانخواستہ طبیعت کچھ ناساز ہے۔

ابوالحسن : **(چونک کر آنکھیں کھول دیتا ہے)** پیارے بھائی ! ذرا غور سے دیکھو مجھے۔ کیا تم مجھ کو پہچانتے ہو؟

مسرور : امیر المومنین ! آج آپ کی زبانِ مبارک سے یہ غلام عجیب باتیں سن رہا ہے۔ آپ سارے مسلمانوں کے خلیفہ ہیں۔

ابوالحسن : **(پیٹ پکڑ کر زوردار قہقہہ لگاتا ہے)** ہا ہا ہا ہا۔ ہم تمھاری باتوں سے خوش ہوئے۔ **(اشارے سے ایک کنیز کو پاس بلاتا ہے)**

کنیز : **(ادب سے جھکتی ہے)** کنیز کے لیے کیا حکم ہے؟ امیر المومنین !

ابوالحسن : **(اس کی طرف ہاتھ بڑھاتا ہے)** نیک بخت ! لے ذرا میری اُنگلی میں کاٹ تو سہی۔ دیکھوں، جاگ رہا ہوں کہ سوتا ہوں۔ **(کنیز اس کی اُنگلی میں زور سے کاٹتی ہے۔ ابوالحسن تلملاکر)** ارے مر گیا۔ کم بخت ! بتا تو نے کس کی اُنگلی میں کاٹا؟

کنیز : **(ادب سے)** امیر المومنین ! میں نے آپ کے حکم سے آپ کی شان میں یہ گستاخی کی ہے۔ مجھے معاف کر دیجیے۔

ابوالحسن : **(باچھیں کِھل جاتی ہیں)** معاف کیا۔ بالکل معاف کیا۔

(مسہری سے اُترتا ہے۔ مسرور اور سب مل کر ابوالحسن کو شاہی پوشاک پہناتے ہیں۔ پھر سب آہستہ آہستہ باہر جاتے ہیں)

منظر - ۵

مقام : خلیفہ کا دربار

(تخت بچھا ہوا ہے۔ کئی امیر، سردار اور وزیر قیمتی پوشاکیں پہنے باادب کھڑے ہیں۔ ابوالحسن اور مسرور داخل ہوتے ہیں۔ ابوالحسن کے تخت پر بیٹھتے ہی ہر طرف سے مبارک سلامت کا شور اُٹھتا ہے۔ جعفر تخت کے سامنے آکر جھکتا ہے)

جعفر : خدا ہمیشہ امیر المومنین پر اپنی رحمتوں کا سایہ رکھے۔

حاضرین: آمین، آمین

ابوالحسن : (خوب اکڑ کر اور آواز کو بھاری بنا کر جعفر سے) ہم تمھاری وفاداری کی قدر کرتے ہیں۔ تمھیں اور کچھ عرض کرنا ہے؟

جعفر : امیر المومنین کوئی حکم دینا چاہیں تو کوتوال کو حاضر کیا جائے۔

ابوالحسن : بے شک۔ ہم کو دو بہت ضروری حکم صادر کرنے ہیں۔

کوتوال : (آگے بڑھ کر) غلام حکم کا منتظر ہے۔

ابوالحسن : کوتوال! سوداگروں کے محلے میں رہنے والے امیر اور اس کے چاروں ساتھیوں کے سر پر تم ابھی جا کر نازل ہو جاؤ۔ پانچوں کی پیٹھیں ننگی کر کے ان پر کوڑے برساؤ۔ سمجھ گئے؟

کوتوال : اچھی طرح امیر المومنین!

ابوالحسن : پھر ان کے چہروں پر سیاہی مل کر، اونٹوں پر سوار کر کے سارے شہر میں پھراؤ۔ ایک آدمی ان کے آگے آگے اعلان کرتا جائے کہ دیکھو لوگو! یہ انجام ہے ان کا جو اپنے محلے والوں کو تنگ کرتے ہیں۔

کوتوال : غلام ابھی اس کا بندوبست کرتا ہے ...اور ...دوسرا حکم امیر المومنین؟

ابوالحسن : دوسرا حکم یہ ہے کہ اسی محلے میں ابوالحسن نام کا ایک نوجوان رہتا ہے۔ اس کی ماں کو ایک ہزار اشرفیاں دی جائیں۔ بس جاؤ۔

(کوتوال جاتا ہے)

منظر - ٦

مقام : خلیفہ کا محل

(رات کے کھانے پر ہارون رشید کے محل میں ابوالحسن کے آگے دسترخوان پر بہترین قسم کے کھانے چنے ہوئے ہیں۔ ابوالحسن کبھی اس قاب پر ہاتھ مارتا ہے، کبھی اس پر)

ابوالحسن : **(منہ میں بڑا سا نوالہ ٹھونستے ہوئے)** واہ واہ! کیا لذیذ کھانا ہے۔ **(سر اُٹھا کر ایک ایک کنیز کو دیکھ کر)** آؤ، آؤ، تم لوگ بھی میرے ساتھ کھاؤ۔ مجھے اکیلے کھانے میں مزہ نہیں آتا۔ **(کنیزیں جھجکتی ہوئی دسترخوان پر بیٹھتی ہیں۔ ابوالحسن سب کی طشتریوں میں**

مٹھائی رکھتا ہے۔ پردے کے پیچھے سے خلیفہ جھانک رہے ہیں۔ کنیزیں ابوالحسن کے ہاتھ دھلاتی ہیں۔ کچھ کنیزیں اسے شربت پیش کرتی ہیں) واہ واہ! شربت کا کیا کہنا۔ ایک گلاس شربت اور پلا۔ (خلیفہ پیچھے سے اشارہ کرتے ہیں۔ کنیز گلاس میں چپکے سے بے ہوشی کی دوا ملا دیتی ہے۔ ابوالحسن اس گلاس کا شربت پی کر بے ہوش ہو جاتا ہے)

خلیفہ : (سامنے آ کر) کافور! اس کا لباس اُتار کر اس کے پرانے کپڑے پہنا دو۔ اور اسے اس کے مکان میں ڈال آؤ۔ مکان کا دروازہ کھلا چھوڑ دینا۔ اس کی بڑی خواہش تھی کہ اس کے محلے کے امیر اور اس کے چاروں ساتھیوں کو ان کے کرتوتوں کی سزا ملے۔ میں نے اس کی خواہش اسی کے ہاتھوں پوری کرادی۔

منظر - ۷

مقام : ابوالحسن کا مکان

(ابوالحسن اپنے بستر پر پڑا سو رہا ہے۔ مرغ کی بانگ سن کر وہ ہڑبڑا کر کروٹ بدلتا ہے)

ابوالحسن : (آنکھیں بند ہیں۔ نیند میں ڈوبی ہوئی آواز میں) اوں ... ہونہہ ... کہاں مر گئے سب کے سب ... مسرور ... جعفر ...!

(ابوالحسن کی ماں گھبرائی ہوئی داخل ہوتی ہے)

ماں : (ابوالحسن کا شانہ ہلا کر) کیا ہے بیٹا؟ یہ کن لوگوں کو پکار رہے ہو؟

ابوالحسن : (چونک کر ماں کو گھورنے لگتا ہے) تم کون ہو بڑی بی؟

ماں : (حیرت سے) اوئی بیٹا...؟ اپنی اماں کو نہیں پہچانتے؟

ابوالحسن : (تیوریاں چڑھا کر) کیا بکتی ہے بڑھیا؟ ہم امیر المومنین ہیں۔ زبان سنبھال کر بات کر!

ماں : ابوالحسن! تو کیسی بہکی بہکی باتیں کر رہا ہے؟

ابوالحسن : تو مجھے نہیں جانتی۔ تو اَب جان لے کہ میں خلیفہ، امیر المومنین، تمام مسلمانوں کی جان و مال کا مالک ہوں۔

ماں : **(آنکھیں پھاڑ کر آسمان کی طرف ہاتھ اُٹھاتی ہے)** یا الٰہی، خیر ہو۔ کیا میرے بیٹے کے اندر کوئی جن سما گیا ہے۔ **(ابوالحسن سے بہت پیار کے ساتھ)** میرے لعل! یہ تجھے کیا ہوگیا؟ دیکھ میں تیری ماں ہوں۔ تو میرا بیٹا ابوالحسن ہے۔

ابوالحسن : **(پریشان نظروں سے چاروں طرف دیکھتا ہے)** نہیں۔ **(آنکھیں بند کرکے سوچ میں پڑ جاتا ہے۔ کچھ دیر بعد آنکھیں کھولتا ہے)** ہاں امّاں، تم ٹھیک کہتی ہو۔ یہ میرا ہی مکان ہے اور میں ابوالحسن ہوں ... مگر ... سمجھ میں نہیں آتا۔ یہ شاہی محل میرے دماغ میں کیوں کر سما گیا!

ماں : **(خوش ہوکر بلائیں لیتی ہے)** اے میں قربان۔ کبھی کبھی آدمی ایسے بھی خواب دیکھنے لگتا ہے۔

ابوالحسن : خواب؟ ہاں ہوسکتا ہے یہ خواب ہی ہو۔ میں نے دیکھا کہ میں خلیفہ ہوں۔ میری خدمت کے لیے کنیزیں اور غلام ہیں۔ **(ہاتھ سے ماتھا رگڑتا ہے)** ... مجھے خود یقین نہیں آتا تھا۔ تب میں نے ایک کنیز سے کہا۔ ذرا میری اُنگلی میں کاٹ ... **(ایک دم اپنی اُنگلی ہاتھ سے پکڑ کر چلانے لگتا ہے)** ... نہیں نہیں ... یہ خواب نہیں ہوسکتا ... ہٹو، مجھے جانے دو، میرے دربار کا وقت ہوگیا ہے۔ **(اُٹھنے لگتا ہے)**

ماں : **(ابوالحسن کے دونوں ہاتھ پکڑ کر)** بیٹا، خدا کے لیے ... ہوش کی باتیں کر۔ یہ کیا بک رہا ہے؟ کہیں خلیفہ کو خبر ہوگئی تو تیرا بھی وہی حال ہوگا جو ہمارے محلے کے امیر اور اس کے ساتھیوں کا ہوا ...!

ابوالحسن : **(امیر کے ذکر پر چوکنا ہوکر)** کیوں، کیوں؟ اُنھیں کیا ہوا؟

ماں : اے ہونا کیا تھا! جب ان کی بدمعاشیاں حد سے بڑھیں تو کل کوتوال نے خلیفہ کے حکم سے سب کو خوب کوڑے لگوائے۔ پھر ان کے منہ پر کالک پوت کر اونٹ پر اُلٹا سوار کیا اور سارے شہر میں گھمایا۔ مجھے ڈر ہے خدانخواستہ تیری بھی یہی گت ...

ابوالحسن : **(اُچھل کر)** میں نے کیا کہا تھا۔ کیوں بڑی بی۔ اب بھی تجھے یقین نہیں آیا؟

کان کھول کر سن لے کہ وہ میں ہی تھا جس نے امیر کو سزا دینے کا حکم دیا تھا اور تو ہے کہ اتنی دیر سے مجھے معلوم نہیں کیا سکھا پڑھا رہی ہے!

ماں : (رونے لگتی ہے) اللہ! یہ میرے بچے کو کیا ہو گیا!

ابوالحسن : (شاہی لہجے میں) سچ سچ بتا کہ میں تیرا کون ہوں:؟

ماں : (آنسو پونچھ کر ابوالحسن کی بلائیں لینے لگتی ہے) تو! تو میرا لعل ابوالحسن ہے۔ تجھے میں نے اپنی گود میں کھلایا ہے۔ آج نہ جانے کیوں تو خود کو امیر المومنین کہے جا رہا ہے۔ امیر المومنین تو ہم اپنے خلیفہ ہارون رشید کو کہتے ہیں، تو بھلا ایسے بادشاہ کی برابری کیا کر سکتا ہے جو اپنی رعایا کو بے مانگے ہزار ہزار اشرفیاں بانٹ دیتا ہے۔

ابوالحسن : (اشرفیوں کے ذکر پر چونکتا ہے) اشرفیاں! کیسی اشرفیاں؟

ماں : ابھی کل جس وقت اُس امیر اور اس کے گرگوں کو مار پڑ رہی تھی، کسی نے دروازہ کھٹکھٹایا۔ میں نے دروازہ جو کھولا تو کیا دیکھتی ہوں کہ ایک غلام کھڑا ہے۔ پوچھنے لگا، "ابوالحسن کی ماں تم ہی ہو؟" میں نے کہا، "ہاں۔" بس یہ سنتے ہی اس نے ایک تھیلی میری طرف بڑھائی اور بولا، "لو بڑی اماّں، اس میں پوری ایک ہزار اشرفیاں ہیں اور یہ تم پر خلیفہ کی عنایت ہے۔"

ابوالحسن : (زور سے ہنستا ہے) کیوں! اب بول، کیا کہتی ہے۔ (چھاتی ٹھونک کر) وہ اشرفیاں میں نے بھجوائی تھیں۔ (اُٹھ کر چلنے لگتا ہے۔ ابوالحسن کی ماں دونوں ہاتھوں سے اس کی کمر پکڑ لیتی ہے)

ماں : (چیخ کر) ارے کہاں جاتا ہے۔ کیا تجھے اسی دن کے لیے بڑا کیا تھا؟

(تین پڑوسی دوڑتے ہوئے اندر آتے ہیں اور ماں کو اس سے چھڑاتے ہیں)

پہلا پڑوسی: ہائیں ابوالحسن! تجھے اپنی ماں سے جھگڑتے شرم نہیں آتی۔

ابوالحسن : (غصے میں) میں نہیں جانتا ابوالحسن کس گدھے کا نام ہے اور اس کی ماں کون ہے۔

دوسرا پڑوسی: یہ تیرا گھر نہیں تو اور کس کا ہے؟ اور یہ بوڑھی خاتون تیری نہیں تو کیا ہماری ماں ہے؟

ابوالحسن : بکواس مت کر گستاخ آدمی۔ یہ میری کچھ نہیں لگتی۔ نہ یہ گھر میرا ہے۔ سن لو کہ میں امیر المومنین ہوں۔ تم سب کا بادشاہ!

ماں : ہائے اللہ! صبح سے یہی رٹ لگی ہوئی ہے کہ میں امیر المومنین ہوں۔ (رونے لگتی ہے)

تیسرا پڑوسی: میں تو سمجھتا ہوں کہ یہ پاگل ہو گیا ہے۔

ابوالحسن : کیا! تیری یہ ہمت کہ مجھے پاگل کہے! کھڑا تو رہ۔ **(بڑھ کر لاٹھی اُٹھا لیتا ہے۔ تینوں پڑوسی ڈر کے مارے پیچھے ہٹ جاتے ہیں)**

دوسرا پڑوسی: پاگل؟ ارے باپ رے۔ بچاؤ۔ داروغہ صاحب! داروغہ صاحب **(پکارتا ہوا دروازے سے باہر گردن نکالتا ہے)** داروغہ صاحب ! جلدی آیئے۔ یہاں ایک پاگل ہے۔

(داروغہ اندر داخل ہوتا ہے)

داروغہ : **(بھاری آواز میں)** یہ کیا بلوا مچا رکھا ہے؟

پہلا پڑوسی: داروغہ صاحب! ذرا اِس کو دیکھیے۔ بیٹھے بٹھائے اپنے آپ کو امیر المومنین کہنے لگا ہے۔

تیسرا پڑوسی: صاحب یہ پاگل ہو گیا ہے۔ اس کو جلدی ہی بند نہیں کیا گیا تو محلے والوں کے لیے سخت خطرہ ہے۔

داروغہ : **(ابوالحسن سے)** کیوں بے۔ ابھی کل اُس امیر کا حشر دیکھ چکا ہے۔ اس کے بعد بھی ہوش ٹھکانے نہیں آئے؟

ابوالحسن : **(دانت پیس کر)** نمک حرام۔ تری یہ مجال کہ اپنے خلیفہ سے ابے تبے کرے۔ ٹھہر تو سہی...!

داروغہ : لینا تو اِسے **(تینوں پڑوسی ابوالحسن کو مضبوطی سے پکڑ لیتے ہیں۔ داروغہ کوڑا نکال کر ابوالحسن**

کو مارتا ہے۔ اُس کی ماں پھر رونے لگتی ہے)

ماں : خدا کے لیے اسے نہ مارو۔ یہ پاگل نہیں ہوا ہے۔ اس کو شیطان نے بہکا دیا ہے۔ پرسوں رات وہ ایک سوداگر کے بھیس میں آیا تھا۔

ابوالحسن : اپنی چونچ بند رکھ بڑھیا! آج ہم دربار میں اس داروغہ کو ایسی سزا دیں گے کہ لوگ اُس امیر کی درگت بھول جائیں گے۔

داروغہ : (بھنویں چڑھا کر) آچ.... چھا (ابوالحسن کے ہاتھوں میں ہتھکڑیاں ڈال کر دروازے کی طرف چلتا ہے)

ماں : کہاں لیے جا رہے ہو میرے بچے کو۔ خدا کے واسطے اسے چھوڑ دو۔ اس پر کسی جن کا سایہ ہو گیا ہے۔

منظر – ۸

مقام : قید خانہ

(ابوالحسن بری حالت میں لوہے کے ایک پنجرے میں بند ہے۔ ابوالحسن کی ماں داخل ہوتی ہے)

ماں : (پنجرے کے قریب جا کر روتی ہوئی) میرے لعل ۔ میں تجھ پر قربان۔ پندرہ دن سے پنجرے میں بند ہے۔

ابوالحسن : (ماں کے ہاتھ پکڑ کر) ہائے میری امّاں ۔ (چیخیں مار مار کر روتا ہے) مجھے یہاں سے نکلواؤ امّاں ۔ روز مجھے کوڑے مارتے ہیں۔ مجھے 'امیر المومنین' کہتے ہیں۔ نہیں اماں ۔ میں امیر المومنین نہیں بننا چاہتا۔

ماں : (خوش ہو کر) پھر تو اپنے آپ کو کیا سمجھتا ہے؟

ابوالحسن : (آنسو پونچھ کر) میں تمھارا بیٹا ہوں ... ابوالحسن !

ماں : ہائے ... تجھے پہلے یہ بات کیوں نہ سوجھی؟ ناحق اپنی دُرگت بنوائی اور مجھے بھی ہلکان کیا۔

ابوالحسن : (اپنا ماتھا رگڑتا ہے) سمجھ میں نہیں آتا اماں ۔ وہ سب مجھے اچھی طرح یاد ہے۔

کنیزیں تھیں، غلام تھے، دربار لگا تھا۔ کیا یہ صرف خواب تھا؟

ماں : میں تو جانتی ہوں، یہ سب اسی سوداگر کی کارستانی ہے۔ وہ موا شیطان تھا جس نے تجھے بہکا دیا۔

ابوالحسن : ہاں ہاں، ضرور یہی بات تھی! مگر اماں مجھ کو یہاں سے چھٹکارا دلاؤ، نہیں تو میں مَر جاؤں گا۔

ماں : **(ابوالحسن کی بلائیں لیتی ہوئی)** اے، خدا نہ کرے، خدا نہ کرے۔

(داروغہ داخل ہوتا ہے)

داروغہ : بڑی بی جاؤ بس۔ اب کل آنا۔

ماں : داروغہ صاحب! میرا بیٹا ٹھیک ہو گیا ہے۔ بالکل ٹھیک ہو گیا۔ اب وہ اپنے کو ابو الحسن کہتا ہے۔ پوچھ کر دیکھ لیجیے۔

داروغہ : **(ابوالحسن سے)** کیوں جناب۔ اب تو آپ کے دماغ کے کیڑے جھڑ گئے؟

ابوالحسن : جی بالکل۔ بالکل۔ اور اگر جلدی ہی مجھے چھوڑا نہ گیا تو سر کے بال بھی جھڑ جائیں گے۔

داروغہ : خوب! کیا میں آپ کا نام پوچھ سکتا ہوں؟

ابوالحسن : جی، خاکسار کو ابوالحسن کہتے ہیں۔

داروغہ : **(تعجب کے لہجے میں)** بھئی واہ! اور یہ بڑی بی جو کھڑی ہیں، یہ کون ہیں؟

ابوالحسن : یہ میری والدۂ محترمہ ہیں جنھوں نے مجھے بچپن سے ....

داروغہ : **(بات کاٹ کر)** بس بس! تو گویا اب تم بالکل ٹھیک ہو! **(کہتے ہوئے پنجرے کا قفل کھول دیتا ہے۔ ابوالحسن باہر نکل کر ماں کے گلے لگ جاتا ہے)**

ماں : **(ابوالحسن کو تھپکتے ہوئے)** خدا آپ کو سلامت رکھے داروغہ صاحب!

داروغہ : مگر دیکھو ابوالحسن، تمھارے سر پر یہ بھوت پھر نہ سوار ہونے پائے...

(ماں بیٹا چلے جاتے ہیں)

منظر - ۹

مقام : بغداد کا پُل

(قید سے چھوٹ کر ابوالحسن پھر پہلے کی طرح روز ایک مہمان کو اپنے گھر لے جا کر اس کی دعوت کرتا ہے۔ اس وقت بھی وہ پل پر بیٹھا کسی مسافر کا انتظار کر رہا ہے)

ابوالحسن : **(اپنے آپ سے)** ارے بھئی کوئی اللہ کا بندہ اِدھر بھی آ نکلے۔ کیا آج کوئی نہیں آئے گا۔ **(ہاتھ سے آنکھوں پر چھجا بنا کر داہنی طرف دیکھتا ہے)** اوہو ہو۔ کوئی آ رہا ہے۔ کہیں باہر ہی کا معلوم ہوتا ہے۔ **(اور ذرا غور سے دیکھتا ہے)** پیچھے پیچھے ایک دُم چھلا بھی لگا ہوا ہے... اس کا غلام ہے شاید ... اررر ... رے باپ ...!! **(بوکھلا جاتا ہے)** یہ ... یہ تو وہی موصل کا سوداگر ہے!! کم بخت پھر اِدھر آ ٹپکا! خدا بچائے اس منحوس سے۔

سوداگر : **(قریب آ کر)** بھائی ابوالحسن۔ السلام علیکم۔ مجھے پہچانا؟

ابوالحسن : **(منہ پھیرے پھیرے)** جاؤ میاں، اپنا رستہ ناپو۔ میں تمھیں نہیں پہچانتا۔

سوداگر : ہائیں!! اتنی جلدی بھول گئے مجھے۔ تم نے اپنے مکان پر میری دعوت کی تھی۔ واہ! کیا لذیذ کھانا کھلایا تھا۔

ابوالحسن : کی ہوگی دعوت۔ روز ہی کسی نہ کسی کی دعوت کرتا ہوں۔ اس کا یہ مطلب تو نہیں ہے کہ ایک ایک کی صورت بھی یاد رکھتا پھروں۔

سوداگر : یہ بے مروّتی! آخر تمھیں مجھ سے کیا تکلیف پہنچی کہ اتنے ناراض ہو؟

ابوالحسن : کچھ نہیں، آپ تو بڑے بھولے بھالے ہیں۔ بس اتنا احسان کرو کہ میرے پاس سے چلے جاؤ۔

سوداگر : **(ابوالحسن کے گلے لگ کر)** یہ کیوں کر ہوسکتا ہے؟ میں بھلا تمھارے ایسے دوست کو چھوڑ دوں؟ مگر آخر ہوا کیا؟ کیوں مجھ سے اس قدر خفا ہو!!

ابوالحسن : اب پوچھتے ہو تو بتائے دیتا ہوں۔ ہوا یہ کہ میں نے جب تمھاری دعوت کی تھی تو کہہ دیا تھا کہ باہر کا دروازہ بند کرتے جانا۔ مگر تم نے میری بات نہ مانی ...

سوداگر : ہاں یہ تو سچ ہے ! واقعی مجھے خیال نہیں رہا تھا۔

ابوالحسن : اس کا نتیجہ یہ ہوا کہ دروازہ کھلا پا کر شیطان اندر گھس آیا۔ اور اس نے میرے دماغ میں یہ خیال ڈال دیا کہ میں خلیفہ ہو گیا ہوں۔

سوداگر : (تعجب سے) اوہو! تو پھر؟

ابوالحسن : پھر یہ کہ میں نے اسی خیال میں اپنی ماں کو ڈانٹا۔ خدا مجھے معاف کرے۔ اپنے پڑوسیوں پر لٹھ لے کر دوڑا۔ انھوں نے مجھے پاگل جان کر داروغہ کو بلایا اور قید کروا دیا۔ وہ روز شام کو میری پیٹھ پر کوڑے لگواتا اور پوچھتا تھا "اور کوئی خدمت امیر المومنین؟" ... اگر تمھیں یقین نہ آتا ہو تو یہ دیکھو کوڑوں کے نشان۔ **(پیٹھ کھول کر خلیفہ کو نشان دِکھاتا ہے)**

سوداگر : **(افسوس کرتے ہوئے)** آہ ! مجھے نہیں معلوم تھا کہ میرے دوست پر یہ مصیبت ٹوٹی ہے۔

ابوالحسن : صرف تمھاری وجہ سے!

سوداگر : اچھا خیر جو ہوا سو ہوا۔ میرا قصور معاف کر دو۔ اس بار تو موصل سے آیا ہی اس لیے ہوں کہ ایک دفعہ اور تمھارے ساتھ کھانے پینے کا لطف اُٹھاؤں۔

ابوالحسن : نہیں نہیں، مجھے معاف ہی رکھو۔ اب میں نے قاعدہ بنا لیا ہے کہ ایک مرتبہ سے زیادہ کسی کو اپنے گھر نہیں لے جاؤں گا۔

سوداگر : نہیں دوست، مجھے ٹالنے کی کوشش نہ کرو۔

ابوالحسن : **(کچھ دیر سوچنے کے بعد)** خیر، اب تمھاری بات کیا ٹالوں۔ چلو۔ مگر ایک وعدہ ابھی سے کر لو۔

سوداگر : وہ کیا؟

ابوالحسن : کہ اب کی بار جاتے وقت باہر کا دروازہ بند کرنا نہ بھولو گے۔

سوداگر : ٹھیک ہے۔ میں وعدہ کرتا ہوں۔

منظر - ۱۰

مقام : خلیفہ کا محل

(خلیفہ محل میں داخل ہوتے ہیں۔ ان کے پیچھے کافور ابو الحسن کو اپنے کندھے پر لادے ہوئے داخل ہوتا ہے۔ سب لوگ خلیفہ کو سلام کرتے ہیں۔ خلیفہ سلام کا جواب دے کر مسرور کو آواز دیتے ہیں)

مسرور : (آگے بڑھ کر) امیر المومنین !

خلیفہ : اس بے چارے کو میری وجہ سے بہت تکلیفیں اُٹھانا پڑی ہیں۔ آج پھر میں اس سے ملا۔ اس کے گھر جا کر دعوت کھائی اور بے ہوش کر کے اسے اپنے ساتھ اُٹھوا لایا۔ آج بھی یہ میری جگہ سوئے گا...اور کل سویرے یہ ابوالحسن نہیں ہوگا۔

مسرور : میں سمجھ گیا امیر المومنین۔

خلیفہ : اور اب میں اسے اتنا انعام دوں گا کہ یہ اپنی تمام پچھلی تکلیفیں بھول جائے گا... اس کو میرا لباس پہنا کر بستر پر لٹا دو۔

(مسرور حکم کی تعمیل کرتا ہے)

منظر - ۱۱

مقام : محل میں سونے کا کمرہ

(ابوالحسن خلیفہ کے بستر پر پڑا سو رہا ہے۔ سب خدمت گار اپنے اپنے سامان کے ساتھ تیار کھڑے ہیں۔ خلیفہ پردے کے پیچھے سے یہ منظر دیکھ رہے ہیں۔ مسرور ابو الحسن کو پہلے کی طرح جگاتا ہے)

مسرور : (ابوالحسن کے شانے پر ہاتھ رکھ کر) امیر المومنین !

ابو الحسن : نہیں نہیں ! میں ابو الحسن ہوں۔ میں یہ خواب دیکھنا نہیں چاہتا۔ (بیٹھ کر آنکھیں کھول دیتا ہے) ایں ...آنکھیں کھولنے پر بھی ...!! (بے تحاشا بستر پر کھڑا ہو کر چلّاتا ہے) او سوداگر کے بچے ...! تو نے پھر دروازہ کُھلا چھوڑ دیا...!!

مسرور : (بڑی گھبراہٹ ظاہر کرتا ہے) امیر المومنین، امیر المومنین، خیر تو ہے؟

ابوالحسن : کیا بک رہا ہے ملعون ! میں ابوالحسن ہوں۔

مسرور : امیر المومنین ! یہ ابوالحسن کون ہے؟ کل بھی حضور نے اسی کا نام لیا تھا اور اپنے کو امیر المومنین ماننے سے انکار کر دیا تھا! پھر بعد میں اسی ابوالحسن کی ماں کو اشرفیاں بھجوائی تھیں۔

ابوالحسن : (حیرت سے آنکھیں پھاڑ کر) کل ... یہ کل کی بات ہے؟ اس بھیانک خواب کو دو مہینے ہو رہے ہیں۔

مسرور : معلوم ہوتا ہے امیر المومنین نے پھر کوئی خواب دیکھا ہے اور خواب میں پھر وہی مردود ابوالحسن !

ابوالحسن : (غصے میں تیوریاں چڑھا کر) کیا کہا؟ میں مردود ہوں؟

مسرور : (دونوں ہاتھوں سے اپنے کان پکڑ کر) توبہ توبہ! میری یہ مجال ! میں تو ابوالحسن کی بات کر رہا تھا اس لیے کہ کل بھی سویرے اُٹھ کر حضور نے اسی کا نام لیا تھا اور آج بھی!

ابوالحسن : اُف ! (دونوں ہاتھوں سے سر پکڑ لیتا ہے) کل اور آج ! کل اور آج !! میں کہتا ہوں بیچ میں سے وہ دن کہاں غائب ہوگئے جب میں طوطے کی طرح پنجرے میں بند تھا اور پیٹھ پر کوڑے کھا کر بھینسے کی طرح ڈکراتا تھا!

مسرور : خدا ایسا خواب امیر المومنین کو پھر نہ دِکھائے !

ابوالحسن : خواب؟ ارے میری پیٹھ پر کوڑوں کے نشان ابھی تک موجود ہیں۔ لے تو خود دیکھ لے (پیٹھ پر سے لباس ہٹاتا ہے)

مسرور : (جھک کر اس کی پیٹھ دیکھتا ہے) کہیں بھی نہیں حضور، آپ کی پیٹھ تو آئینے کی طرح صاف ہے۔

ابوالحسن : ایں ! آئینے کی طرح ! (چلّاتا ہے) خدا مجھے شیطان سے بچائے ! پھر وہ ساری مصیبتیں جو مجھ پر گزریں ؟ کیا وہ خواب تھا! (خوش ہوکر) ہاں یہی ٹھیک ہے۔ (آواز کو رعب دار بناتے ہوئے) تو ہم امیر المومنین ہیں۔

داروغہ : (پردے کے پیچھے سے) امیر المومنین ! اب آپ کا یہ غلام آپ کی خدمت کے لیے تیار ہے، بسم اللہ! (کوڑا چلنے کی آواز آتی ہے)

ابوالحسن : (سہم کر) نہیں، میں امیر المومنین نہیں ہوں (مسرور سے) تم نے یہ آواز سنی؟

مسرور : خواب میں سنی ہوئی آوازیں ابھی تک حضور کے کان میں گونج رہی ہیں۔

ابوالحسن : آہ! (لیٹ جاتا ہے) سمجھ میں نہیں آتا کہ اُسے خواب سمجھوں یا اِسے .... (اُٹھ کر کنیز کو آواز دیتا ہے) کنیز! لے بھلا میری اُنگلی میں کاٹ تو سہی، خوب زور سے!

(اس کی طرف اپنا ہاتھ بڑھاتا ہے)

کنیز : میری ہمت نہیں پڑتی، امیر المومنین۔

ابوالحسن : بس یہ آخری امتحان ہے۔ اگر تکلیف سے میری آنکھ کھل گئی تو ابوالحسن ورنہ امیر المومنین۔

کنیز : (پردے کی طرف دیکھتی ہے۔ خلیفہ پردے کے پیچھے سے اسے اشارہ کرتے ہیں) میری خطا معاف فرمائیں، امیر المومنین۔

(ابوالحسن کی اُنگلی میں کاٹتی ہے)

ابوالحسن : (بلبلا کر بستر پر سے کود پڑتا ہے) ہائے مار ڈالا!

(خلیفہ ابوالحسن کو ناچتا دیکھ کر ہنستے ہوئے پردے سے باہر نکل آتے ہیں)

خلیفہ : (ہنسی روکنے کی کوشش کرتے ہوئے) ابوالحسن خدا کے لیے بس کر۔ کیا ہنساتے ہنساتے مار ہی ڈالے گا؟ (ابوالحسن چونک کر خلیفہ کو گھورنے لگتا ہے)

ابوالحسن : (پہچان کر) مو.... صل کا سوداگر!

خلیفہ : (مسکراتے ہوئے) نہیں!

ابوالحسن : پھر....؟

مسرور : امیر المومنین ہارون رشید۔

ابوالحسن : کیا؟ (دیر تک حیران کھڑا رہتا ہے پھر ایک دم جھک کر سلام کرتے ہوئے) مگر غلام کی سمجھ میں نہیں آیا کہ حضور نے میرے ساتھ کیوں یہ مذاق فرمایا۔

خلیفہ : اس لیے کہ اس امیر اور اس کے ساتھیوں کو تمھارے ہی ہاتھوں سزا دلوا دوں۔ میں سمجھا تھا کہ اپنے گھر میں آنکھ کھلنے پر تم اس واقعے کو خواب سمجھ کر بھول بھال جاؤ گے۔

ابوالحسن : سبحان اللہ ! تو گویا اس معاملے میں ساری خطا میری ہی تھی ...؟ خیر، مگر اب میری ایک درخواست ہے۔

خلیفہ : وہ کیا؟

ابوالحسن : کہ مجھے کبھی کبھی حضور کی خدمت میں حاضر ہونے کا موقع ملتا رہے۔

خلیفہ : جعفر! آج سے ہم نے ابوالحسن کو اپنا خاص مصاحب مقرر کیا۔ اس کو ایک مکان دیا جائے، ماہانہ تنخواہ مقرر کی جائے اور اب تک جتنے کوڑے اس نے کھائے ہیں، اتنی ہی اشرفیاں اسے انعام میں دی جائیں۔

ابوالحسن : **(جھک کر سلام کرتا ہے)** خدا امیر المومنین کو ہزاروں برس سلامت رکھے ...مگر... کہیں یہ بھی حضور کا مذاق تو نہیں؟

خلیفہ : **(ہنستے ہوئے)** نہیں ...وہ خلیفہ کا مذاق تھا اور یہ خلیفہ کا حکم ہے۔

ابوالحسن : ڈر رہا ہوں کہ کہیں ابھی تک خواب ہی نہ دیکھ رہا ہوں۔

کنیز : یقین نہ آتا ہو تو لاؤ ایک مرتبہ پھر تمھاری اُنگلی میں کاٹ کھاؤں؟

خلیفہ : **(ہنسنے لگتے ہیں)** ہاں ہاں، یہ ٹھیک ہے۔

ابوالحسن : **(گھبرا کر پیچھے ہٹ جاتا ہے)** نہیں بابا! مجھے بالکل یقین آ گیا۔

(سب ہنسنے لگتے ہیں)

(پردہ گرتا ہے)

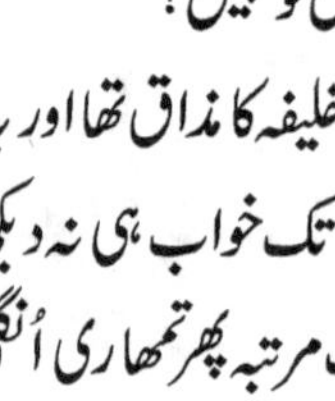

آؤ کہ چھو لیں خوابوں کو

انیس جاوید

(پردہ اُٹھتا ہے)

(دس لوگ جن میں چھ مرد اور چھ عورتیں ہیں، اسٹیج پر ایک کے پیچھے ایک داخل ہوتے ہیں۔ ان کے نام نہیں، نمبر ہیں۔ وہ ایک ساتھ ایک سُر میں گا رہے ہیں)

کورس : چلے چلو... چلے چلو...
چلے چلو... چلے چلو...
بار بار ہاں... بولو یار ہاں...
اپنی جیت ہو... اپنی جیت ہو
چلے چلو... چلے چلو...
چلے چلو... چلے چلو...

(نمبر دس کتابوں اور کاپیوں کو سر پر اُٹھائے ہوئے چل رہا ہے۔ نمبر چھ تھک کر رک جاتا ہے اور کہتا ہے)

٦ : بس ...اب اور نہیں چلا جاتا۔
٧ : پاؤں تھک کر چور ہو گئے ہیں۔
٨ : چور ہی نہیں ...چکنا چور ہو گئے ہیں۔
٩ : آہ...!
١٠ : آہ...!

(نمبر۱۰ کے سر پر سے کتابیں اور کاپیاں زمین پر گر پڑتی ہیں)

۱ : ارے یہ کیا کِیا... ساری کتابوں اور کاپیوں کو زمیں بوس کر دیا۔

۲ : تمھاری منزل ... وہ... وہاں ہے۔

۳ : ہاں وہاں ہے!

۲ : مگر وہاں تو کچھ دِکھائی نہیں دے رہا ہے۔

۴ : کیا بکواس کرتے ہو تم! کیا تمھاری دور کی نظر کمزور ہو گئی ہے؟

۵ : کیا کتابوں میں نظر گڑ گڑا کر تمھاری بینائی کمزور ہو گئی ہے؟

۱ : دیکھو... وہ دیکھو..ن تمھارا سنہرا مستقبل!

۲ : تمھارا برائیٹ فیوچر!

۳ : تم دسویں منزل پر پہنچ گئے ہو۔

۴ : اور اگلی منزل تمھارا انتظار کر رہی ہے۔

۵ : جاؤ... اور چھؤ لو اپنے خوابوں کو!

۶، ۷، ۸، ۹، ۱۰ : (ایک ساتھ) سچ...؟

۱، ۲، ۳، ۴، ۵: (ایک ساتھ) ہاں ہاں... بالکل سچ!

۶ : دوستو! ہماری اگلی منزل وہ رہی... آؤ کہ چھو لیں خوابوں کو۔

(سب دوڑتے ہیں۔ پہنچتے ہیں۔ پکڑنے کی کوشش کرتے ہیں مگر نڈھال ہو کر گر پڑتے ہیں)

۱۰ : کہاں ہے میرا خواب؟

۹ : کہاں ہے میرا خواب؟

۸ : کہاں ہے میرا خواب؟

۷ : کہاں ہے میرا خواب؟

۶ : کہاں ہے میرا خواب؟

۴ : میں نے تو پہلے ہی کہا تھا کہ تمھاری نظر کمزور ہو گئی ہے۔

۵ : تمھاری بینائی جواب دے گئی۔
۱ : اس لیے تم لوگوں کو کچھ نظر نہیں آ رہا ہے۔
۲ : اگر دیکھنا ہے تو ہماری نظر سے دیکھو۔
۶ : کیوں ...آپ کی نظر سے کیوں؟
۷،۸،۹،۱۰ : ہاں ہاں ...آپ کی نظر سے کیوں؟
۳ : کیوں کہ تمھارے خواب ہمارے خواب ہیں۔
۴ : یعنی ہمارے خواب تمھارے خواب ہیں۔
۷ : یہ کیا پہیلیوں میں بات کر رہے ہیں آپ؟ میرا خواب آپ کا خواب کیسے ہوسکتا ہے۔اور آپ کا خواب میرا خواب کیسے ہوسکتا ہے؟
۴ : ہوسکتا ہے! کیوں کہ تمھارا خواب بھی میرا خواب ہے اور میرا خواب بھی میرا خواب ہے۔
۷ : کیا مطلب...؟
۴ : مطلب یہ کہ میں تمھارا باپ ہوں۔ جو میرا خواب ہے وہی تمھارا بھی خواب ہونا چاہیے۔ جب تم پیدا ہوئے تھے تب ہی میں نے تمھارے لیے اپنا ایک خواب بن لیا تھا۔ جانتے ہو تم؟ بن لیا تھا خواب!
سب : (ایک سُر میں) خواب خواب خواب!
خواب خواب خواب!
خواب خواب خواب!
(کہتے ہوئے ناظرین کی جانب پیٹھ کر اسٹیچو ہوجاتے ہیں)

سین بدلتا ہے

(نمبر ۴ بڑا بھائی بن کر ٹہل رہا ہے۔اس کا چھوٹا بھائی بن کر نمبر ۵ کہتا ہے)

چھوٹا بھائی : اطمینان رکھو بھائی صاحب ...سب ٹھیک ہوجائے گا۔
بڑا بھائی : انشاء اللہ سب ٹھیک ہوگا چھوٹے ...مگر...

چھوٹا بھائی : مگر کیا؟

بڑا بھائی : بیٹا ہوگا تو میں اسے ڈاکٹر بناؤں گا...ڈاکٹر!

چھوٹا بھائی : اور بیٹی ہوئی تو؟

بڑا بھائی : چھوٹے! تم کبھی اچھی بات منہ سے نہیں نکال سکتے؟

چھوٹا بھائی : غلطی ہوگئی بھائی صاحب۔

بڑا بھائی : آئندہ جب بھی منہ کھولنا مصری کی ڈلی گھولنا۔

چھوٹا بھائی : جی بھائی صاحب۔

بڑا بھائی : ہاں، تو میں کہہ رہا تھا کہ میں اپنے بیٹے کو ڈاکٹر بناؤں گا...ڈاکٹر!

چھوٹا بھائی : اور اگر وہ انجینئر بننا چاہے گا تو؟

بڑا بھائی : پھر چھوٹے... پھر... تم جب بھی منہ کھولو گے۔ زہر اُگلو گے۔

چھوٹا بھائی : غلطی ہوگئی بھائی صاحب۔

بڑا بھائی : ہاں تو میں کہہ رہا تھا کہ...

چھوٹا بھائی : ڈاکٹر بناؤں گا۔

بڑا بھائی : ہاں ہاں ڈاکٹر بناؤں گا۔ اسے اچھی سے اچھی اسکول میں پڑھاؤں گا۔ اونچے سے اونچے کالج میں داخل کراؤں گا۔

چھوٹا بھائی : اور اگر وہ اسکول کے بعد آگے پڑھنا نہ چاہے تو...؟

بڑا بھائی : پھر... پھر چھوٹے... تم جب بھی منہ کھولو گے...

چھوٹا بھائی : زہر اُگلوں گا!

بڑا بھائی : زہر نہیں، سائنائیڈ اُگلو گے۔ زہر کا تو علاج بھی ممکن ہے مگر سائنائیڈ کا...

چھوٹا بھائی : یہ سائناءُ کیا ہوتا ہے بھائی صاحب؟

بڑا بھائی : وہی ہوتا ہے جو اگر ملے تو تجھے چکھا دوں۔ خس کم جہاں پاک ہو جاتا ہے۔

چھوٹا بھائی : میٹھا ہوتا ہے یا نمکین؟

بڑا بھائی : اُف... کاش! ابّا حضور نے تمھیں بھی پڑھا لکھا کر اپنے جیسا پروفیسر بنا دیا

ہوتا تو تم یہ احمقانہ سوال تو نہ کرتے۔

چھوٹا بھائی : تو ابا حضور نے مجھے کیوں نہیں پڑھایا؟

بڑا بھائی : اس لیے کہ وہ مجھے پڑھانا چاہتے تھے۔

چھوٹا بھائی : ہم دونوں کو کیوں نہیں؟

بڑا بھائی : اس لیے کہ میں ہی ان کے خوابوں کو پورا کرنے کا دم رکھتا تھا اور وہ میں نے کیا۔ پروفیسر بن کر میں نے اپنے ابا حضور کے خواب کو شرمندۂ تعبیر کیا۔

چھوٹا بھائی : مگر پڑھنا تو میں بھی چاہتا تھا؟

بڑا بھائی : ہاں، مگر تم پڑھتے تو ہماری پشتینی دکان داری کون سنبھالتا؟ ابا نے پروفیسری کی تو چچا نے دکان سنبھالی۔ میں نے پروفیسری کی تو تم نے دکان سنبھالی... اور...

چھوٹا بھائی : پہلا بچہ ہی پیدا ہونے والا ہے آپ کا۔

بڑا بھائی : ہاں ہاں۔ اسی لیے تو میں اسے ڈاکٹر بناؤں گا۔

چھوٹا بھائی : اور دوسرے کو دکان دار۔

بڑا بھائی : ہاں ہاں، دکان دار! بس ...اب اپنی زبان بند رکھو۔ خدا جانے کیا ہونے والا ہے؟

چھوٹا بھائی : ڈاکٹر پیدا ہونے والا ہے!

(غصّے سے دیکھتا ہے۔ نمبر۳ ڈاکٹر کے کردار میں آتا ہے)

ڈاکٹر : مبارک ہو... مبارک ہو... بیٹا پیدا ہوا ہے۔

چھوٹا بھائی : بیٹا نہیں، ڈاکٹر پیدا ہوا ہے۔

ڈاکٹر : کیا... مجھے پیدا ہوئے تو چالیس سال ہو گئے ہیں۔

چھوٹا بھائی : آپ نہیں... ہمارے بھائی صاحب کو ڈاکٹر پیدا ہوا ہے۔

ڈاکٹر : یا خدا! چالیس سال کا بچہ۔

بڑا بھائی : ارے، آپ اس کی مت سنیے ... یہ تو...

چھوٹا بھائی : جب بھی بولتا ہے سائنائیڈ ہی گھولتا ہے۔
بڑا بھائی : سائنائیڈ نہیں ...
چھوٹا بھائی : اس سے بھی خطرناک کچھ ہوتا ہے کیا ڈاکٹر صاحب؟
ڈاکٹر : ارے تم لوگ کیا بول رہے ہو... میری تو کچھ سمجھ میں نہیں آرہا ہے۔
(چلا جاتا ہے)
چھوٹا بھائی : ڈاکٹر صاحب مبارک ہو!
بڑا بھائی : ارے میں پروفیسر ہوں۔
چھوٹا بھائی : میرا مطلب ہے کہ پروفیسر صاحب کو ڈاکٹر مبارک ہو!
سب : (گانا) مبارک مبارک مبارک مبارک !
(سب ساتھ میں گانے لگتے ہیں)
بڑا بھائی : چوووپ ! گانا ہے تو ایسے گاؤ۔
میرا بیٹا بنے گا ڈاکٹر اور پھول کھلیں گے دل کے...
چھوٹا بھائی : ارے میرا بیٹا بھی انجینئر، دعا کرو سب مل کے (دو بار)
۶ : بند کرو یہ گانا... بند کرو۔
۷ : ہم چلتے چلتے نڈھال ہو رہے ہیں اور آپ لوگ خوشی کے گیت گا رہے ہیں۔
۸ : ہاں اور نہیں تو کیا... کسی کو ہماری منزل کی پروا نہیں۔
۹ : ہم چلے جا رہے ہیں اور منزل کا نشان و نشام بھی نہیں۔
۲ : کیوں نہیں ہے نام و نشاں ... میں جانتا ہوں کہ میرا بیٹا کیا بنے گا... میرا بیٹا بنے گا وکیل !
سب : وکیل ...؟
۲ : ہاں، اسی لیے میں نے اس کے پیدا ہوتے ہی اس کا نام رکھ دیا تھا وکیل !
سب : وکیل وکیل وکیل !

وکیل وکیل وکیل !

وکیل وکیل وکیل !

(کہتے ہوئے ناظرین کی جانب پیٹھ کر اسٹیچو ہو جاتے ہیں)

سین تبدیل

(نمبر ۲ شوہر کے کردار میں)

شوہر : وکیل وکیل وکیل ... جب دیکھو یہ وکیل آ جاتا ہے اپنی فیس وصول کرنے۔

بیوی : فیس تو آ کر لے جاتا ہے مگر مقدمہ ختم ہی نہیں کراتا۔

شوہر : یہ زمین جائیداد کے مقدمے اتنی جلد ختم نہیں ہوتے۔

بھائی : وہ بھی ہمارے ہندوستان میں ... یہاں تو سترہ سال گزر جانے کے بعد بھی بابری مسجد کا مقدمہ لٹکا ہوا ہے۔

بیوی : ارے بابری مقدمہ کیا... ممبئی فسادات کا معاملہ لے لو۔

ا : یہ لے لو۔

شوہر : یہ کیا ہے؟

ا : یہ ان معاملات کی تفصیل ہے جو آج تک کسی آرڈر آرڈر والے جج کی ٹیبل کو سونگھ بھی نہیں سکے ہیں۔

شوہر : اسی لے تو میں اپنے بیٹے کو وکیل بنانا چاہتا ہوں تاکہ وہ نہ صرف ہماری جائیداد کے مقدمی کی پیروی کر سکے بلکہ ان تمام لٹکے ہوئے مقدموں میں سے ہزار دو ہزار کی پیروی کر کے اپنے خاندان کے ساتھ سکھ چین کی زندگی گزار سکے۔

بیوی : میں تو کہتی ہوں کہ ہر ہندوستانی مسلمان اپنی اولاد کو وکیل ہی بنائے خوب کمائیں گے ... خوب کھائیں گے!

بیٹا : لیکن ڈیڈی ! مجھے وکیل نہیں بننا ہے۔

شوہر : تو کیا گھاس چھیلنا ہے؟

بیٹا : نہیں ... میں تو ... میں تو ... میں تو ...

شوہر : بند کر میں تو میں تو... بس چلے چل!
کورس : چلے چلو... چلے چلو... چلے چلو... چلے چلو۔
۶ : یار، ان بڈھوں میں اتنی طاقت کہاں سے آ گئی ہے کہ وہ ہمیں چلا ہی نہیں رہے ہیں خود بھی چل رہے ہیں۔
۷ : تم نے سنا نہیں... چراغ بجھنے سے پہلے پھڑ کتا ہے۔
۸ : بری بات... وہ تمھارے والدین ہیں، تمھارے سر پرست ہیں۔
۷ : سر پرست نہیں... ''سر.. پر..مت'' ہیں۔
۸ : ''سر.. پر..مت''... کیا مطلب؟
۷ : یار، ہندی میں 'مت'، انگلش میں ووٹ اور اُردو میں رائے۔ یعنی سر پر مت کا مطلب سر پر رائے۔ اپنی رائے وہ بھی ہمارے سر پر۔ یہ لوگ اپنی رائے ہمارے سر پر مار رہے ہیں۔
۶ : رائے ہی نہیں اپنی ضد بھی منوانا چاہتے ہیں۔
۷ : اچھا یہ بتا... تو ڈاکٹر بننا چاہتا ہے؟
۸ : نہیں... اور تو انجینئر...؟
۷ : قطعی نہیں... اور تو وکیل؟
۶ : میں روز حشر سے بہت ڈرتا ہوں۔
(تینوں ہنستے ہیں)
۴ : ارے احمقو... ہنسو مت... منزل کی طرف نظر رکھو۔
کورس : چلے چلو... چلے چلو... چلے چلو... چلے چلو۔
۹ : بس... میں تو چلتے چلتے تھک گیا ہوں۔ اب اور آگے نہیں جا سکتا۔
۱۰ : مطلب تم اپنے خوابوں کو چھونا نہیں چاہتے؟
۹ : ارے، بھاڑ میں جائے وہ خواب جو میں نے نہیں... میرے گھر والوں نے دیکھا ہے۔ میں تو یہیں سے کلٹی کھاتا ہوں۔

۱۰ : کلٹی ...؟

۹ : نو دو گیارہ ہوتا ہوں۔

(وہ قدم دھیمے کر دیتا ہے۔ باقی سب اس سے آگے ہو جاتے ہیں)

۴ : ارے وہ کہاں گیا؟

۶ : کلٹی ہو رہا ہے۔

۴ : ارے بھاگ کہاں رہا ہے نالائق ...رُک ...رُک !

۹ : میں نہیں چل سکتا تم لوگوں کے ساتھ۔

۴ : کیوں؟

۹ : آرے راستہ بڑا دشوار ہے۔

۴ : تم نے شاید یہ شعر نہیں سنا ہے:

وہ مرد نہیں جو ڈر جائے ماحول کے خونی منظر سے

اس حال میں جینا لازم ہے جس حال میں جینا مشکل ہے

سب : واہ واہ... واہ واہ!

۴ : چپ کرو۔ مشاعرہ نہیں ہو رہا ہے۔

(سب چپ ہو جاتے ہیں)

۴ : چلو... چلو ہمارے ساتھ۔

۹ : نہیں ...میں نہیں چلوں گا۔ (زمین پر بیٹھ جاتا ہے)

۴ : چل اُٹھ ...ارے اُٹھ!

۹ : نہیں ...!

۴ : ارے سب مل کے اس کو اُٹھاؤ۔

(سب مل کر اس کو اُٹھاتے ہیں۔ دو لوگ ٹانگی ٹولہ لے کر اس کو لیے چلتے ہیں)

کورَس : چلے چلو... چلے چلو... چلے چلو... چلے چلو۔

۹ : چھوڑ دو... چھوڑ دو مجھے ... مجھے نہیں چھوٹنا ہے ان خوابوں کو۔ میرے خواب الگ

ہیں۔تم سب سے الگ...چھوڑ بے وقوفو مجھے۔

(مچلتا ہے اور ہاتھوں سے پھسل جاتا ہے۔ زمین پر گرتا ہے۔ اُٹھتا ہے اور بھاگتے ہوئے کہتا ہے)

۹ : میں بزنس کروں گا۔ بزنس...دکان داری کروں گا مگر وہاں نہیں جاؤں گا۔

۴ : ارے کیسے نہیں جائے گا؟ پکڑو اسے!

(پھر پکڑا پکڑی شروع ہوتی ہے۔ ایسا لگتا ہے جیسے کبڈی کا کھیل ہو رہا ہو۔ جلد ہی وہ پکڑ میں آجاتا ہے)

۴ : گھسیٹ کے لے چلو اس کو۔

کورس : چلے چلو...چلے چلو...چلے چلو...چلے چلو۔

(ایک جگہ سب پہنچتے ہیں)

سین تبدیل

(نمبر۱۰ بیٹا بن جاتا ہے)

بیٹا : آہاہاہا...کیا خوب صورت جگہ ہے۔

باپ : خوب صورت...؟

۳ : لگتا ہے چلتے چلتے اس کے دماغ نے کام کرنا بند کر دیا ہے۔

۱ : اُجاڑ بیابان جگہ کو خوب صورت کہہ رہا ہے۔

سب : (سب ہنستے ہیں) ہاہاہا!

بیٹا : ہنسو مت۔ آج یہ پلاٹ اُجاڑ بیابان ہے لیکن میں دیکھ رہا ہوں کہ ایک دن یہاں بڑی چہل پہل ہوگی۔ اونچی اونچی بلڈنگیں ہوں گی، شاپنگ مالس ہوں گے، فیکٹریاں اور کارخانے ہوں گے۔ اسکول اور کالج ہوں گے۔ یہیں ہے میرا خواب۔ یہیں کہیں ہے۔

۳ : تو، تو ایسے بول رہا ہے جیسے تو کوئی بہت بڑا آرکیٹکٹ ہے۔

بیٹا : ہاں، میں آرکیٹکٹ ہوں۔

باپ : تو آرکیٹکٹ نہیں، سی اے بنے گا۔

بیٹا : نہیں ...میں آرکیٹکٹ بننا چاہتا ہوں ...میں آرکیٹکٹ بننا چاہتا ہوں۔

باپ : تو وہی بنے گا جو میں تجھے بنانا چاہتا ہوں۔

بیٹا : اگر ایسا ہے تو میں آپ لوگوں کے ساتھ نہیں چل سکتا۔ میں اپنا راستہ خود چنوں گا۔

باپ : ارے بڑا آیا اپنا راستہ چننے والا !

بیٹا : بھاگ بیٹا... بھاگ یہاں سے ...(بھاگنے لگتا ہے)

باپ : ارے پکڑو اس کو...!

(سب اس کو پکڑنے کے لیے دوڑتے ہیں۔ جس کو گھسیٹ کر لے جایا جا رہا تھا وہ کہتا ہے)

۹ : پکڑو... پکڑو سب اس کو... میں تو کلٹی ہوتا ہوں۔

(وہ بھاگ نکلتا ہے۔ اس کو بھاگتا دیکھ کر)

۴ : ارے، تو کہاں بھاگ رہا ہے نالائق ؟

(وہ بھی اس کے پیچھے بھاگتے ہوئے اسٹیج سے نکل جاتا ہے۔ باقی سب آرکیٹکٹ کو پکڑ لاتے ہیں)

باپ : آہا ہا ہا... کیا خوب صورت جگہ ہے ... کیا خوب صورت پلاٹ ہے ... ارے تو کس کا پلاٹ ہے ناہنجار...

سب : تمھارا ہی پلاٹ ہے۔

باپ : (غصّے سے دیکھتا ہے۔ منہ پھیر کر چلّاتا ہے) چلے چلو ... چلے چلو ... چلے چلو ... چلے چلو۔

بیٹا : (آرکیٹکٹ کہہ رہا ہے) پلاٹ ... پلاٹ ... پلاٹ ... پلاٹ

باپ : ارے، اس کے منہ میں کپڑا ٹھونس دو۔

چلے چلو ... چلے چلو ... چلے چلو ... چلے چلو۔

بیٹا : پلاٹ پلاٹ !

(ایک اس کے منہ کو کس کے دبا دیتا ہے)

کورَس : چلے چلو... چلے چلو... چلے چلو... چلے چلو۔

سین تبدیل

بیٹی : امی جان !

امّی : بولو بیٹے !

بیٹی : تم نے نیوٹن کا نام سنا ہے؟

امّی : وہ موا تو روز صبح پی کے پڑا رہتا ہے۔

بیٹی : میں اپنے محلے کے پیکڑ نیوٹن کی بات نہیں کر رہی ہوں۔

امّی : تو پھر کون؟

بیٹی : اچھا چھوڑو، تم آئنسٹائن کو جانتی ہو؟

امّی : ہاں، روز ہی اس سے ملتی ہوں۔

بیٹی : تم روز ہی آئنسٹائن سے ملتی ہو؟

امّی : ہاں... دودھ کی تھیلی دینے آتا ہے نا۔

بیٹی : افوہ... وہ آئنسٹائن نہیں۔ اچھا چھوڑو!

امّی : تو مجھے چھوڑ بیٹی... گھر میں بہت کام پڑا ہے۔

بیٹی : بس ایک سوال اور... تم ایڈیسن کو جانتی ہو؟

امّی : ایڈیسن؟

بیٹی : (چلا کر) عبدالکلام کو جانتی ہو؟

امّی : ہاں... جانتی ہوں۔

بیٹی : سچ؟

امّی : روز تو آتا ہے۔ مچھی، جھینگا، پاپلیٹ... ناس پیٹا! سوتے سے جگا دیتا ہے۔

بیٹی : میں اس مچھلی والے عبدالکلام کی بات نہیں کر رہی ہوں۔ میں تو اپنے ملک کے

سابق صدرِ جمہوریہ کی بات کر رہی ہوں۔ بہت بڑے سائنس داں ہیں۔

امّی : کیا ہیں؟

بیٹی : سائنس داں!

امّی : اچھا! کبھی ملایا نہیں... لے کے آؤ نا کبھی ان کو گھر پر۔ عید پہ ضرور لے کے آنا۔

(ابو آتے ہیں)

ابّو : ارے بھی، عید کو تو ابھی چار مہینے ہیں۔

امّی : تو چار مہینے بعد لانے کا... لیکن لانا ضرور۔ مجھے بہت کام ہے... اپنے ابو سے پوچھ جو پوچھنا ہے۔ (چلی جاتی ہے)

ابّو : کیا بات ہے بیٹی؟

بیٹی : بات کیا ابو... میں نے امی کو نیوٹن، آئنسٹائن، ایڈیسن یہاں تک کہ عبدالکلام صاحب کا نام تک بتایا مگر وہ ان کو جانتی ہی نہیں۔

ابّو : تم تو جانتی ہو... وہ بڑی بھلکّڑ ہے۔

بیٹی : آں...؟

ابّو : ان کی چھوڑو اور اپنی سوچو۔ تمھیں تو بس میرا خواب پورا کرنا ہے۔ میرا خواب ... چلے چلو... چلے چلو۔

کورَس : چلے چلو... چلے چلو... چلے چلو... چلے چلو۔

سین تبدیل

باپ : آیئے آیئے، مولانا صاحب... تشریف لایئے۔ کہیے کیسے آنا ہوا۔

مولانا : عید میلاد کے جلوس کے استقبال کے لیے آیا ہوں۔

باپ : اچھا، اچھا۔ کب ہے عید میلاد؟

مولانا : ارے آپ کو نہیں معلوم؟

باپ : قسم سے نہیں معلوم۔ آپ کو تو معلوم ہے کہ میں کاروبار میں بہت مصروف رہتا ہوں۔

مولانا : کل ہے کل ...!

باپ : اچھا کل ہے۔

مولانا : پانچ ہزار کی رسید آپ کے نام کی کاٹی ہے۔

باپ : پانچ ہزار ...!

مولانا : دس ہزار کر دوں ...؟

باپ : ارے نہیں۔ آپ نے جو کر دیا سو کر دیا۔ (جلدی سے) یہ لیجیے ... یہ لیجیے پانچ ہزار!

مولانا : جزاک اللہ ... جزاک اللہ! اور سنائیے ...

(لڑکی چائے لے کر آتی ہے)

بیٹی : مولانا صاحب ... چائے!

مولانا : شکریہ، شکریہ۔ ماشاء اللہ! بڑی نیک بیٹی ہے۔

(لڑکی جاتی ہے)

مولانا : رشتہ طے کر دیا اس کا؟

باپ : ارے ابھی کہاں ... اسی سال تو ایس ایس سی کا امتحان پاس کیا ہے۔

مولانا : سبحان اللہ! ایس ایس سی کے بعد اور کیا پڑھانا بیٹی کو؟ جلد سے جلد ہاتھ پیلے کر کے حج کی سعادت حاصل کیجیے۔

باپ : لیکن وہ ابھی آگے اور پڑھنا چاہتی ہے۔

مولانا : پڑھنے کے لیے تو ساری عمر بھی کم ہے مگر پڑھائی صرف کالج اور یونیورسٹی میں ہی تو نہیں ہوتی ہے۔ گھر پر پڑھائیے؛ بہشتی زیور پڑھائیے، حسنِ سلوک کی کتابیں پڑھائیے، شوہر اور سسرال والوں کو کیسے خوش رکھنا ہے ... ویسی کتابیں پڑھوائیے۔

باپ : وہ تو پڑھتی ہے گھر میں۔

مولانا : بس اور کیا چاہیے! ماشاء اللہ، بڑی نیک بیٹی ہے۔ میری نظر میں ایک بہت ہی

اچھا، نیک اور شریف لڑکا ہے۔ آپ کہیں تو بات چلاؤں؟

باپ : مگر....

مولانا : اگر مگر نہیں جناب ...جتنی جلدی بیٹی کی ذمہ داری سے سبکدوش ہو جائیں تو اچھا ...زندگی کا کوئی بھروسا نہیں۔

باپ : کس کی ...آپ کی ...؟

مولانا : جناب، مذاق کرنے کی عادت نہیں گئی آپ کی۔ ارے مرنا تو سب کو ہی ہے ایک دن۔ کہیے ...کب بھیجوں لڑکے والوں کو؟

باپ : ذرا سوچنا پڑے گا۔

مولانا : ٹھیک ہے ...سوچ لیجیے ...مگر اتنا اچھا لڑکا چراغ لے کر ڈھونڈنے سے بھی نہیں ملے گا... چلتا ہوں، اللہ حافظ!

(باپ ٹہلتے ہوئے کچھ سوچتا ہے پھر بیٹی کو آواز دیتا ہے)

باپ : ارے بیٹی سلطانہ!

بیٹی : جی ابو!

باپ : وہ فارم تو لانا۔

(لڑکی آتی ہے)

بیٹی : کون سا فارم ابو؟

باپ : ارے وہی جو آج تو کسی کالج کا لے کر آئی ہے۔

بیٹی : کیوں؟

باپ : کیا کرے گی آگے پڑھ کے؟ ...مجھے اور تیری امی کو حج پر جانا ہے۔

بیٹی : تو جائیے نا...روکا کس نے ہے؟

باپ : تم نے ...ارے جوان بیٹی گھر میں ہو تو پہلے اس کے ہاتھ پیلے کرو، پھر حج پر جاؤ ورنہ حج قبول نہیں ہوگا۔

بیٹی : مگر...؟

باپ : اگر مگر کچھ نہیں۔ بس مجھے تیرے ہاتھ پیلے کرنے ہیں۔ لا وہ فارم لا ... پھاڑ دوں گا اس کو۔

بیٹی : ایسا مت کیجیے ابو۔ میرے خواب چکنا چوٗر ہو جائیں گے۔

باپ : تیرا خواب صرف تیرا سسرال ہے ...سمجھی؟

بیٹی : مگر میں آئی اے ایس بننا چاہتی ہوں۔

باپ : ارے سنتی ہو ... یہ آئی اے ایس بننا چاہتی ہے ...کلکٹر بننا چاہتی ہے ... ڈسٹرکٹ مجسٹریٹ بننا چاہتی ہے۔ ارے سمجھاؤ اس کو!

(ماں آتی ہے)

ماں : ارے بیٹی، آگے پڑھنا ہی ہے تو ڈی ایڈ کر لے، بی ایڈ کر لے۔ کسی اسکول کی ماسترنی بن جا۔

بیٹی : مجھے ڈی.ایڈ.، بی.ایڈ.نہیں، آئی اے ایس کرنا ہے۔

باپ : اور مجھے تمھاری شادی کرنا ہے۔

بیٹی : میں اپنی جان دے دوں گی۔

ماں : دیکھیے ... یہ بہت ضدی ہے۔

باپ : تو میں اس کا باپ ہوں ...اس سے بھی زیادہ ضدی۔ اس کا گلا کاٹ کے پھانسی چڑھ جاؤں گا۔

ماں : ارے، چھوڑیے مرنے مارنے کو ... فی الحال اس کی شادی کا خیال چھوڑیے۔ میں اس کو ٹیچر بننے کے لیے منا لوں گی۔

باپ : ٹھیک ہے ...لیکن ٹیچر! آئی اے ایس نہیں۔

کورس : چلے چلو...چلے چلو... چلے چلو... چلے چلو۔

سین تبدیل

رپورٹر : لیڈیز اینڈ جنٹلمین! آج کی سب سے بریکنگ نیوز ...ایس ایس کی بورڈ پرکشا میں پورے مہاراشٹر میں جس نے ٹاپ کیا ہے وہ ہے جمیل احمد۔ ہم اس وقت

ان کے گھر پر ان کے پورے پریوار کے ساتھ موجود ہیں۔ آپ جمیل کے پتا ہیں؟ کیا محسوس کرر ہے ہیں آپ؟

باپ : بہت ہی فخر محسوس کرر ہا ہوں۔

رپورٹر : اور آپ تو ماں ہیں!

ماں : خاندان کا نام روشن کر دیا ہے میرے بیٹے نے۔

رپورٹر : خاندان کا نام روشن کر دیا ہے، ایسا کہہ رہے ہیں جمیل کے ماتا پتا۔ جمیل! بھوشیہ کے بارے میں کیا سوچا ہے آپ نے؟

جمیل : میں بھی آپ کی طرح میڈیا میں جانا چاہتا ہوں۔

رپورٹر : کیا بات ہے ...سن رہے ہیں ہمارے درشک! ٹاپ کرنے والا جمیل احمد میڈیا میں جانا چاہتا ہے۔ کیا بہترین کریئر چنا ہے انھوں نے۔ ہمیں ان کا سمّان کرنا چاہیے۔

باپ : بکواس کرر ہا ہے یہ!

رپورٹر : کیا...کیا کہا آپ نے؟

باپ : ٹیلی کاسٹ بند کیجیے۔ پھر کہوں گا۔

رپورٹر : مگر...

باپ : اگر مگر کچھ نہیں۔

پڑوسی ۱ : توڑ دو اِن کے کیمرے! مارو سالوں کو!

پڑوسی ۲ : بچوں کو گمراہ کرتے ہیں یہ...

پڑوسی ۳ : امیتابھ بچن کے بارے میں برا بولتا ہے۔

رپورٹر : لیکن ...لیکن امیتابھ کی بات کہاں سے ...

پڑوسی ۱ : کھنس...

پڑوسی ۲ : سلمان خان کے بارے میں اوٹ پٹانگ بولتا ہے۔

پڑوسی ۳ : شاہ رخ کے بارے میں بولتا ہے وہ کرن جوہر کا ہسبنڈ ہے۔

پڑوسی ۱ : مارو... مارو۔

جمیل : ارے ...ارے ... یہ کیا کررہے ہیں آپ لوگ ... یہ میڈیا والے ہیں۔

باپ : میڈیا والے نہیں سیٹھیا والے ہیں۔ جو پیسا دیتا ہے اس کی واہ واہ ... جو ٹھن ٹھن گوپال ہے اس کی آہ آہ آہ!

رپورٹر : ایسا نہیں ہے۔

باپ : ایسا ہو یا نہ ہو ... مجھے اپنے بیٹے کو میڈیا میں نہیں لانا ہے۔ میں تو اسے بنانا چاہتا ہوں ...

جمیل : میڈیا پرسن

باپ : چووپ!

کورَس : چلے چلو ... چلے چلو ... چلے چلو ... چلے چلو۔

(چلتے چلتے سب اس جگہ پہنچتے ہیں جہاں ایک چیک پوسٹ ہے)

(۶، ۷، ۸، ۹، ۱۰ ارخوشی سے چلّا اُٹھتے ہیں)

۶، ۷، ۸، ۹، ۱۰ : آ گئی ...! آ گئی ہماری منزل!

وہ رہی ہماری منزل!

۱، ۲، ۳، ۴، ۵ : وہ رہی تمھاری منزل!

(چیک پوسٹ پر ایک آدمی کھڑا ہے)

آدمی : ویلکم، ویلکم! خوش آمدید، خوش آمدید! سسواگتم، سسواگتم!

باپ ۱ : جنابِ اعلیٰ! ہم پہنچ گئے آپ کے در پر۔

باپ ۲ : ہمارے بچے اپنے اپنے کارناموں کے ساتھ آپ کے سامنے حاضر ہیں۔

باپ ۳ : بس میرے بیٹے کو وکیل بنا دیجیے۔

باپ ۴ : میرے بیٹے کو ڈاکٹر بنا دیجیے۔

باپ ۵ : میرے بیٹے کو ... وہ ... وہ کیا ... کیا بنانا ہے۔ ٹھہرو، اپنی جورو سے پوچھ کے بتاتا ہوں۔

باپ ۱ : حضور... اس کو انجینئر بنا دیجیے۔

باپ ۲ : اور اسے جناب، ٹیچر بنا دیجیے۔

آدمی : یہ سب تو ٹھیک ہے لیکن یہ سب کیا سوچتے ہیں؟

باپ ۳ : ان کو کیا سوچنا... جو سوچنا ہے ہمیں سوچنا ہے۔

باپ ۴ : اور ہم نے جو سوچا ہے وہ آپ کو بتا دیا ہے۔

آدمی : آپ کے بچوں کو یہاں سے اینٹری نہیں مل سکتی ہے۔

سب : کیا مطلب؟

آدمی : نو اینٹری! داخلہ نہیں!

سب : مگر کیوں؟

آدمی : اگر آپ لوگوں کو اپنی اپنی سوچ اپنا اپنا خواب پورا کرنا ہے تو... وہ... وہاں دوسرا چیک پوسٹ ہے۔ وہاں جائیے۔

سب : وہاں؟

باپ ۱ : مگر وہاں کوئی چیک پوسٹ نہیں ہے۔

آدمی : وہاں کسی قابلیت، کسی خاص سوچ، کسی خاص مقصد کی ضرورت نہیں ہے۔ اس لیے وہ کھلا راستہ ہے۔ آپ وہاں سے اپنے بچوں کو زور زبردستی سے لے جاسکتے ہیں لیکن اچھے یا برے کی ذمہ داری صرف اور صرف ان کی ہوگی جو وہاں سے گزر چاہے گا یا گزارنا چاہے گا۔

باپ ۲ : اور اس چیک پوسٹ سے جو گزرے گا؟

آدمی : اس چیک پوسٹ سے صرف وہی گزر سکتا ہے جو اس میں داخل ہونے کا اہل ہوگا۔ یہ چیک پوسٹ بتا دے گا کہ کون کیا بننا چاہتا ہے، کس کا کیا خواب ہے۔

باپ ۳ : میرا خواب ہے...

آدمی : تمھارا نہیں... تمھارے بیٹے کا خواب۔

باپ ۴ : میرا خواب...

آدمی : تمھارا بھی نہیں ... تمھارے بیٹے کا ... تم سب کے بچوں کا۔ اب فیصلہ تم سب کے ہاتھ میں ہے۔

(سب سوچتے ہیں)

۵ : ابو ... میں آرکیٹکٹ ...

باپ ۱ : لیکن میرا خواب ...؟

۶ : ابو ... میں آئی اے ایس ...

باپ ۲ : لیکن میرا خواب ...؟

۷ : ابو میں سائنٹسٹ ...

باپ ۳ : لیکن میرا خواب ...؟

۸ : ابو! میں میڈیا پرسن ...

باپ ۴ : لیکن میرا خواب ...؟

آدمی : تم لوگوں کا خواب صرف خواب ہے۔ جبکہ ان کا خواب حقیقت میں بدل سکتا ہے۔ بولو ... کیا بولتے ہو؟

باپ ۱ : جاؤ بیٹا جاؤ ... جو تم بننا چاہتے ہو اس کے لیے آزاد ہو۔

باپ ۳ : تم بھی آزاد ہو بیٹے۔

باپ ۴ : اور تم بھی میرے میڈیا مین!

بیٹی : اور ابو میں؟

باپ ۲ : تم ...؟

آدمی : ہاں، بولو ... بولو!

باپ ۲ : تم بھی آزاد ہو ...!

سب : ہرّے!

سارے باپ : جاؤ ... چھو لو اپنے خوابوں کو!

سارے بچے : ساتھیو ... آؤ کہ چھو لیں خوابوں کو!

(سب چیک پوسٹ کے اندر جاتے ہیں)

آدمی : (ناظرین سے) ٹھہریے ... آپ مت جائیے۔ وہ سب تو اپنے خوابوں کو چھونے کے لیے نکل پڑے ہیں۔ مگر آپ کے بچے ... آپ کے رشتہ داروں کے بچے ... کیا وہ بھی اپنے خوابوں کو چھو سکیں گے؟ فیصلہ آپ کے ہاتھ میں ہے۔ اگر ہاں تو ووکیشنل گائیڈنس کا یہ چیک پوسٹ کھلا ہے۔ اور اگر نہ تو ... بس ... چلے چلو ... چلے چلو۔

سب : چلے چلو ... چلے چلو ... چلے چلو ... چلے چلو۔

بار بار یار ... بولو یار ہاں ...

اپنی جیت ہو ... اپنی جیت ہو ...

چلے چلو ... چلے چلو ...

چلے چلو ... چلے چلو ...

(چلتے چلتے سب فریز ہو جاتے ہیں)

پردہ گرتا ہے۔

راکھشس

اِقبال نیازی

(نشہ آور چیزوں کے خلاف ایک نکڑ ناٹک)

کردار : مکھوٹا لگائے، کالا لباس پہنے ہوئے چار راکھشس، ایک سوُتر دھار، بیوی، ماں، بچی، پانچ بچے۔

(پانچ چھے بچے چہرے پر خوفناک راکھشس کے ماسک لگائے ناچ رہے ہیں اور ساتھ میں گا بھی رہے ہیں۔ اُن کے ہاتھوں میں گٹکا کے پیکٹ، شراب کی بوتلیں اور سگریٹ ہیں)

گیت : گلیوں میں ...ہم ہی ہیں
گھر گھر میں ...ہم ہی ہیں
گاؤں میں ...ہم ہی ہیں
شہروں میں ...ہم ہی ہیں
جنموں کے ساتھی ...ہم ساتھ ساتھ ہیں
ہم ساتھ ساتھ ہیں ...

راکھشس نمبر ۱ : میں ہوں گٹکا راکھشس! مجھے گاؤں میں کھینی راکھشس بھی کہا جاتا ہے ...میں لوگوں کو ایسا سرؤر، ایسا نشہ دیتا ہوں کہ وہ مست ہو جاتے ہیں۔ اب تو جگہ جگہ دکانوں پر ہر طرف میں دِکھائی دینے لگا ہوں ...ایک راز کی بات بتاؤں ...اب تو اسکول کے چھوٹے چھوٹے بچے بھی مجھ سے پیار کرنے لگے ہیں۔ ہاہاہاہا!

(خوفناک ہنسی ہنستا ہے)

راکھشس نمبر۲ : **(آگے آ کر)** اور میں تو برسوں پرانا اِن سب کا سینئر راکھشس ہوں ... سگریٹ راکھشس! لوگ وجہ بے وجہ میرے عادی ہو جاتے ہیں۔ کوئی مجھے ٹینشن میں پیتا ہے، کوئی خوشی میں، کوئی ٹائم پاس کے لیے **(اور دھیرے سے سرگوشی میں)** اور کسی کو دو نمبر جانے کے لیے میری ضرورت پڑتی ہے ... ہا ہا ہا ہا ... میں کروڑوں کی تعداد میں ہر روز پیا جاتا ہوں ساری دنیا میں۔ میرے بغیر اب لوگ رہ نہیں سکتے ... ہا ہا ہا ہا ...
(خوفناک قہقہہ لگاتا ہے)

راکھشس نمبر۳ : **(آگے آ کر اور ہاتھ میں شراب کی بوتل دِکھا کر)** اور میں ہوں بوتل راکھشس! آج کے لوگوں کا سب سے زیادہ پسندیدہ راکھشس۔ یہ سگریٹ، گٹکا، چرس، افیم، براؤن شوگر میرے سامنے سب چھوٹے راکھشس ہیں۔ مجھے جھونپڑپٹی میں رہنے والے مزدوروں سے لے کر فائیو اسٹار ہوٹلوں تک خوب پیا جاتا ہے۔ کہتے ہیں ایک مہینے میں صرف ممبئی میں سو ٹرک بھر کر خالی بوتلیں نکلتی ہیں۔ اس سے اندازہ کرو کہ میں کتنا مشہور ہوں۔ ہا ہا ہا ہا... **(گاتے ہوئے جاتا ہے)**

شراب چیز ہی ایسی ہے نہ چھوڑی جائے
یہ میرے یار کے جیسی ہے نہ چھوڑی جائے

سوُتر دھار : تو صاحبو! یہ ہیں بڑے راکھشس ...لیکن کچھ چھوٹے چھوٹے شیطان بھی ہیں جیسے چرس، افیم، گانجا، براؤن شوگر وغیرہ۔
آج پوری دنیا اِن راکھشسوں کے شکنجے میں ہے ...لوگ خوشی خوشی اپنے آپ کو اِن کے سپرد کر دیتے ہیں اور پھر جو حال ہوتا ہے وہ دیکھیے!
(ایک آدمی درد سے تڑپ رہا ہے ...بن پانی کے مچھلی کی طرح۔ اور بار بار کہہ رہا ہے 'مجھے انجکشن دے دو...دے دو' اس کے ہاتھ، پیر، ہونٹ کانپ

رہے ہیں۔ قریب ہی اُس کی چھوٹی بچی اور بیوی اور ماں بیٹھے ہیں اور اُسے بے بسی سے تڑپتے ہوئے دیکھ رہے ہیں اور رو رہے ہیں۔ اچانک ایک راکھشس وارد ہوتا ہے... خوفناک قہقہے کے ساتھ)

راکھشس : ہاہاہاہا... بہت مزہ آتا ہے مجھے جب کسی انسان کو اس طرح تڑپتے ہوئے دیکھتا ہوں۔ اِسے ڈرگس کی عادت میں نے لگائی تھی... اس کا دوست بن کر۔ اب اسے اُس کا انجکشن نہیں مل رہا ہے تو دیکھو کیسا تڑپ رہا ہے۔ ہاہاہاہا... یہ میرا غلام بن چکا ہے... غلام۔ میرے بغیر نہیں رہ سکتا۔ ہاہاہاہا!

چھوٹی بچی : (روتے ہوئے) باپو... باپو... کیا ہوا تمھیں؟ ایسا کیوں کر رہے ہو باپو؟

ماں : بیٹا! تجھے یہ کیا ہو رہا ہے؟ ہمیں بتا بیٹے!

آدمی : انجکشن... مجھے میرا انجکشن دو... جلدی۔

بیوی : ماں جی! ڈاکٹر صاحب کو بلا لیں؟

آدمی : (تڑپتے ہوئے) جلدی کرو... آہ... مجھے انجکشن (دم توڑ دیتا ہے)

(ماں، بیوی اور چھوٹی بچی بے تحاشہ روتے ہیں)

راکھشس : (قہقہہ لگا کر) ہاہاہاہا... آخر اسے میں نے کھا لیا۔ یہ میری خوراک تھا۔ ہمیں جب بھوک لگتی ہے تو ہم ہر روز ایسے سیکڑوں لوگوں کو کھا جاتے ہیں۔ ہاہاہاہا...

سوتر دھار : دیکھا آپ نے... اس نشے کی لت نے کس طرح اُس کی جان لی۔ تڑپ تڑپ کر، ایڑیاں رگڑتے ہوئے اپنی بوڑھی ماں، مجبور بیوی اور ننھی بچی کے سامنے اُس نے اپنی جان دے دی۔ دوستوں نے اُسے نشیلے انجکشنوں کا عادی بنا دیا تھا... اور جب انجکشن خریدنے اور ڈرگس لینے کے پیسے اُسے نہیں ملے تو اُس نے چوریاں کیں، لوگوں کو لوٹا، غلط سلط کام کیے... پھر بھی اپنے بیوی بچوں کو سکھی نہ رکھ سکا اور انھیں بے

سہارا چھوڑ کر چلا گیا۔ یہ منظر نئے نہیں ہیں ۔ ایسا آج ملک کے کئی گھروں میں ہو رہا ہے۔ ایسے منظروں کا اضافہ دن بدن ہو رہا ہے لیکن ہم پھر بھی سبق نہیں لے رہے ہیں۔ یہ دیکھیے ...

(ایک آدمی ہاتھ میں شراب کی بوتل لے کر، لہراتے ہوئے، لڑکھڑاتے قدموں سے گانا گاتے ہوئے گھر میں داخل ہوتا ہے)

آدمی (شرابی) : دارو کی بوتل میں ...کائے کو پانی بھرتا ... ہے ... پھر نہ کہنا ... مائیکل دارو ... پی کے دنگا ... کرتا ہے۔

بیوی : یہ کیا؟ پھر پی کر آئے ہیں۔ صبح سے تو آپ یہ گٹر کا پانی پی رہے ہیں۔

شرابی : شٹ اَپ ... یہ گٹر کا پانی نہیں ... اَمرت ہے اَمرت ... پیو رَم- بھولو غم۔

بیوی : آپ کو کیا غم ہے جو شراب پیتے ہیں؟ آپ کے دو پیارے پیارے بچے ہیں، اچھی نوکری ہے ... میں ہوں ... پھر کیوں ...؟

شرابی : ارے تو، ...تو کون سی ایشور یہ رائے ہے ... سالی! باپ کے گھر سے مال تو لائی نہیں ... چل پھوٹ **(عورت کو دھکیلتا ہے۔ وہ گر جاتی ہے) (آواز دے کر)** منی! اے منی ... اِدھر آ۔ **(بچی آتی ہے)** جا، رامو کی دکان سے میرا گٹکا لے کر آ ... چار پیکٹ۔

بیوی : بچی سے یہ سب مت منگائیے۔ آپ کو میری قسم!

شرابی : اری چل ہٹ! **(عورت کو بری طرح مارتا پیٹتا ہے۔ بچی رونے لگتی ہے)** چل جا ... اندر سے جا کر دوسری بوتل لا۔

بیوی : نہیں ... میں اور نہیں لاؤں گی ... اور پینے نہیں دوں گی۔ بابو جی بہت بیمار ہیں۔ اُن کا خیال کریے۔ میں ہاتھ جوڑتی ہوں۔

شرابی : ارے جا ... مرنے دے بڈھے کو ... بیمار ہے ... تو دارو لا دارو۔

بیوی : میں نہیں لاؤں گی۔

(بیوی کو بے تحاشہ لاتوں سے، مکوں سے مارتا ہے اور بیوی تڑپ تڑپ کر

مرجاتی ہے۔ بچی ماں کی لاش پر گر کر رونے لگتی ہے)

راکھشس : **(قہقہہ لگا کر)** یہ بے وقوف ... پہلے شوقیہ پیتا ہے۔ پھر دھیرے دھیرے اِس کا نشہ بڑھنے لگتا ہے۔ دوستوں نے کہا صرف بیئر پیو، وہ شراب نہیں ہے۔ یہ بیئر سے رم اور وھسکی تک پہنچا ... پھر پیسے نہیں تھے تو دیسی دارو پینے لگا ...اور پھر ایک دم گٹر چھاپ پر آ گیا ... ہاہاہاہا...یہی تو ہے ہمارا کمال۔ ہم اس طرح لت لگا کر اپنا بنا لیتے ہیں ...آج اس نے اپنی پتنی کو نشے میں مارا ہے ...اچھا ہے ...کل بیٹی کو بھی مار دے گا اور پھر خود بھی کہیں گٹر میں گر کر مر جائے گا۔ ہاہاہاہا...

سوتردھار : شراب کا نشہ تو رِشتوں کو بھی بھلا دیتا ہے۔ کون ماں، کون باپ، کون بہن بیٹی ... کچھ یاد نہیں رہتا۔ آپ نے اخبار میں وہ خبر پڑھی تھی کہ ایک شرابی آدمی نے نشے میں دھت ہوکر اپنی بیٹی کی عزّت پر ہاتھ ڈالا! نتیجہ ... بیٹی نے کنویں میں کود کر جان دے دی۔ ایسی ہے یہ برائیوں کی جڑ ...عربی میں اسے 'اُمّ الخبائث' کہا جاتا ہے یعنی 'تمام برائیوں کی ماں۔'

نشے کی اس عادت نے اس راکھشس سے صرف بڑوں کو ہی نہیں، بچوں کو بھی اپنے قبضے میں کر رکھا ہے ... یہ دیکھیے !

(کچھ اسکول کے بچے بستہ لیے ہوئے ساتھ کھڑے ہیں۔ دو بچے سگریٹ پی رہے ہیں۔ ایک بچہ کھانس رہا ہے)

بچہ نمبر ۱ : ارے ! یہ تم لوگ کیا پی رہے ہو؟ دھویں سے مجھے کھانسی ہو رہی ہے۔ ہٹاؤ اِسے۔ **(سب بچے ہنستے ہیں)**

بچہ نمبر ۲ : ابے، تو بھی ایک کش لے کر دیکھ ...مزہ آ جائے گا۔

بچہ نمبر ۱ : نہیں۔ میری ماں کہتی ہے یہ بُری چیز ہے۔

بچہ نمبر ۳ : ارے یار ! بری چیز ہوتی تو تیرے پتاجی، میرے ابّا، اِس کے ابو اِسے

کیوں پیتے؟ بول... بول نا۔

بچہ نمبر ۱ : ہاں۔ تمھاری بات تو صحیح ہے...

بچہ نمبر ۴ : **لے پھر، لگا دَم (بچہ نمبر ۱ کانپتے ہاتھوں سے سگریٹ لیتا ہے اور سب بچے گاتے ہیں... ''دَم مارو دَم... مٹ جائے غم... بولو صبح و شام... ہرے کرشنا ہرے رام)**

(بچہ نمبر ۱ سگریٹ کا کش لیتا ہے اور بری طرح کھانستا ہے۔ سب ہنستے ہیں)

بچہ نمبر ۲ : آ... اب تجھے ایک دوسری جنت میں لے جاتے ہیں۔ راجو! لے ایک گٹکا تو لے کر آ۔

بچہ نمبر ۳ : لیکن کہاں ملے گا؟

بچہ نمبر ۲ : ارے، اپنے اسکول کے سامنے کی دکان میں تو ملتا ہے۔

بچہ نمبر ۳ : اچھا... ابھی لایا۔ لیکن کون سا لاؤں۔

بچہ نمبر ۴ : اونے لوگ، اونچی پسند... مانِک چند! **(سب ہنستے ہیں)**

(بچہ نمبر۳ گٹکا لے کر آتا ہے۔ بچہ نمبر۲ کھول کر بچہ نمبر ۱ کے منہ میں ڈالتا ہے)

راکھشس : **(قہقہہ لگا کر)** دیکھا ہماری طاقت ! ہم ایک ہیں ... ہم سب کو تباہ کر دیں گے ... بڑوں کو، بوڑھوں کو، بچوں کو۔ کسی کو نہیں چھوڑیں گے۔ ہا ہا ہا!

سؤتر دھار : ارے کب تک ؟ آخر کب تک آپ یہ سب دیکھتے رہیں گے؟ یہ راکھشس ہمارے ملک کو ڈرگس کی لعنت میں ڈبو کر تباہ و برباد کر رہے ہیں۔ اب تو جاگو، نیند سے جاگو... اب بھی نہیں جاگے تو تمھاری مائیں، بیوی، بہنیں اِس راکھشس کے ہاتھوں بے سہارا ہو جائیں گی، بچے یتیم ہو جائیں گے، ملک کھوکھلا ہو جائے گا۔ یہ نشہ ... یہ ڈرگس پہلے انسان اِسے پیتا ہے اور پھر یہ انسانوں کو پیتا ہے۔ ختم کر دو نشے کے اِن راکھشسوں کو... اُٹھو...!

بچہ نمبر ۱ : ہاں ! اِسی راکھشس کی وجہ سے میرے بابا کو منہ کا کینسر ہو گیا اور آج وہ کچھ بولنے کے قابل نہیں رہے۔ **(اُسے مارتا ہے)**

بچہ نمبر ۲ : اسی راکھشس نے ہم سے ہماری ماں چھین لی تھی۔ **(اُسے مارتا ہے)**

بچہ نمبر ۳ : اسی راکھشس کی وجہ سے ہم کنگال ہو گئے، مفلس ہو گئے۔ میری بہن نے خودکشی کرلی۔ باپ lever کی بیماری میں مبتلا ہیں۔

آدمی : اسی راکھشس نے مجھے ایڑیاں رگڑ رگڑ کر مرنے پر مجبور کیا تھا۔ **(اُسے مارتا ہے)**

(سب چاروں راکھشسوں کو گھیرتے ہیں۔ راکھشس گھبرا کر درمیان میں آتے اور سب دائرہ بنا کر اُن راکھشسوں کو مارتے ہیں اور گاتے ہیں)

آج مٹادیں گے ہم تیرا نام بھی نشان بھی
دیش میں اپنے گھر میں ہوگا امن بھی امان بھی
تیرے پنجوں سے آزاد کرادیں گے ہم آج سبھی کو
تیرے خون بھرے ہونٹوں سے دور رکھیں گے ہر کسی کو
ختم کرو اِس راکھشس کو... ختم کرو اِس راکھشس کو

(راکھشس چلاتے اور مرتے ہیں۔ خوفناک موسیقی)

سوتر دھار : نشہ کریے ... ضرور کریے ... میں کہتا ہوں نشہ کریے ... لیکن کیسا نشہ؟ اپنے عشق کا نشہ، اپنی محبتوں کا، اپنے پیار کا نشہ کریے۔ اپنی صحت کی دیکھ بھال کا نشہ کریے ... اپنے گھر پریوار کے لوگوں کا نشہ کریے ... پھر دیکھیے یہ راکھشس کبھی آپ کی طرف نہیں آئیں گے ... یہ ہمارا وعدہ ہے ... وعدہ ہے۔

(پردہ گرتا ہے)

انصاف

سعادت حسن منٹو

کردار : چوبدار | متعلق ہیڈ بٹلر عرف وزیر الفاظ | شہنشاہ | فریادی | ملکہ

(دروازہ کھلتا ہے۔ چوبدار تین مرتبہ فرش پر اپنی لاٹھی سے آواز پیدا کرتا ہے اور اعلان کرتا ہے۔)

چوبدار : باادب، باملاحظہ، ہوشیار! نگاہ رو بہ رو! با ادب، باملاحظہ ہوشیار! نگاہ رو بہ رو! شہنشاہِ عالم دو مہینے کے بعد لانڈری والے کیس کے متعلق ہیڈ بٹلر عرف وزیرِ الفاظ کی رپورٹ سننے کے لیے تشریف لا رہے ہیں۔

(شہنشاہ جھروکے میں تشریف لا رہے ہیں)

شہنشاہ : وزیر الفاظ، لانڈری والے فریادی کی رپورٹ مناسب وموزوں الفاظ میں تیار ہوئی؟

ہیڈ بٹلر : دو مہینے کی مسلسل محنت و مشقت اور عرق ریزی کے بعد یہ ہیچ مداں ایک کروڑ الفاظ کی رپورٹ تیار کرنے میں کامیاب ہوگیا ہے جو پبلک کی آگاہی کے لیے سرکاری پریس میں دھڑا دھڑ چھپ رہی ہے۔

شہنشاہ : فریادی...... وزیر الفاظ کے اس کام سے کیا تم مطمئن ہو؟

فریادی : قطعی طور پر عالی جاہ! کام بڑے سلیقے سے ہو رہا ہے۔

شہنشاہ : وزیر الفاظ، ہم تھوڑے عرصے کے لیے تمھیں وزیر خلاصہ بنا کر اس رپورٹ کا

ملخص پوچھنا چاہتے ہیں جو پبلک کی آگاہی کے لیے سرکاری پریس میں دھڑا دھڑ چھپ رہی ہے۔

ہیڈ بٹلر : رپورٹ کا خلاصہ یہ ہے عالم پناہ کہ فریادی ایک بہت بڑی لانڈری کا مالک ہے۔ اس بہت بڑی لانڈری میں تمام کپڑے صابن سے نہیں کسی اور ہی چیز سے دھوئے جاتے ہیں جس کا نسخہ صرف فریادی ہی کو معلوم ہے۔

فریادی : یہ نسخہ سینہ بہ سینہ چلا آرہا ہے عالم پناہ!

شہنشاہ : خوب!

ہیڈ بٹلر : ڈرائی کلیننگ کے کام میں بھی فریادی پٹرول استعمال نہیں کرتا۔

فریادی : یہ غلام، پیٹرول کا سارا کوٹا بلیک مارکیٹ میں بیچ دیتا ہے حضور!

شہنشاہ : خوب! بہت خوب!

ہیڈ بٹلر : فریادی کی لانڈری میں بہت سے دھوبی کام کرتے ہیں، فریادی نے چار مہینے ہوئے محسوس کیا کہ اس کے ملازم اس کا صابن کھا رہے ہیں۔

شہنشاہ : فریادی نے یہ کیسے محسوس کیا؟

فریادی : ان کا رنگ دن بدن اُجلا ہو رہا تھا جہاں پناہ۔

شہنشاہ : درست۔

ہیڈ بٹلر : انھوں نے صابن کھانے پر ہی اکتفا نہ کیا۔ اس غریب کا پیٹرول پینا بھی شروع کیا۔

شہنشاہ : فریادی! پیٹرول پینے کے متعلق تمھیں کیسے معلوم ہوا؟

فریادی : عالم پناہ! ان کی دھواں دھار تقریروں نے غمازی کی۔

شہنشاہ : درست!

ہیڈ بٹلر : اپنے تنخواہ پانے والے دھوبیوں کی اس صابن خوری اور پیٹرول نوشی سے تنگ آ کر فریادی نے ایک روز کپڑے سکھانے کے لیے ان کو اس میدان کی طرف روانہ کر دیا جہاں شہزادیاں چاند ماری سیکھتی ہیں۔

شہنشاہ : **(فکر مند ہوکر)** کیا والا شان شہزادیوں نے ان بے گناہوں کو ہلاک کر دیا؟

ہیڈ بٹلر : عالم پناہ کا ارشاد بالکل صحیح ہے۔ لیکن دھوبیوں کے لواحقین فریادی کو ان کی ہلاکت کا ذمے دار گردانتے ہیں۔

فریادی : غلام کا قصور صرف اتنا ہے جہاں پناہ کہ میں نے تنگ آ کر ان کو اس میدان کی طرف روانہ کر دیا، جہاں والا شان شہزادیاں نشانہ درست کرتی ہیں لیکن ان کی افسوس ناک ہلاکت کے بعد جب غور کیا تو معلوم ہوا کہ غیر ارادی طور پر اس غلام نے جہاں پناہ کو انصاف کرنے کا ایک بہت ہی اچھا موقع بہم پہنچا دیا ہے۔

شہنشاہ : غور کرنے کے بعد مابدولت بھی اسی نتیجے پر پہنچے ہیں۔ تاریخ میں اس سے پہلے جہاں گیر کو ایسے موقع سے دوچار ہونا پڑا تھا لیکن ہم عہدِ جدید کے شہنشاہ ہیں۔ جہاں گیری عدل فی زمانہ کوئی حقیقت نہیں رکھتا۔ خون کا بدلہ صرف خون ہے۔

ہیڈ بٹلر : خاکم بدہن ...... کیا والا شان شہزادیاں ......

شہنشاہ : وزیر الفاظ ...... ہمیں اپنا فرض ادا کرنے دو۔

(چوبدار تین مرتبہ فرش پر اپنی لاٹھی سے آواز پیدا کرتا اور اعلان کرتا ہے۔)

چوبدار : باادب، باملاحظہ، ہوشیار! نگاہ رو بہ رو! ...... باادب، باملاحظہ، ہوشیار! نگاہ رو بہ رو! ...... ملکۂ عالیہ کی سواری آتی ہے۔

(ملکۂ عالیہ بال کھولے ہوئے آتی ہیں۔)

ملکہ : جہاں پناہ ...... یہ میں کیا سن رہی ہوں!

شہنشاہ : خون کا بدلہ خون ...... ہماری مملکت کے ہر در و دیوار سے یہی صدا آ رہی ہے ...... خون کا بدلہ خون ...... کوئی خوں بہا نہ ہوگا۔

ملکہ : جہاں پناہ!

ہیڈ بٹلر : عالم پناہ!!

فریادی : دھوبیوں کے لواحقین، جہاں پناہ، خون کا بدلہ خون نہیں چاہتے ...... فی دھوبی

پانچ سو روپے کافی ہیں۔

شہنشاہ : نہیں ، ما بدولت اپنے دامنِ عدل پر جہاں گیر کی طرح کوئی دھبا نہیں لگنے دیں گے۔ خون کا بدلہ خون ہے، خوں بہا نہیں۔ خون کا بدلہ صرف خون ہے...... وزیر الفاظ! والا شان شہزادیوں کی تعداد کیا ہے؟

ہیڈ بٹلر : پچھلے برس کے اعداد و شمار کے مطابق والا قدر شہزادیوں کی تعداد ایک سو بیس تک پہنچی تھی جہاں پناہ!

ملکہ : ان میں میری کوئی دختر شامل نہیں، لیکن میں جہاں پناہ سے پھر بھی درخواست کرتی ہوں کہ......

شہنشاہ : ہمیں اپنے فرض سے سبک دوش ہونے دو ملکہ......خون کا بدلہ خون ہے۔

فریادی : جہاں پناہ...... اُن دھوبیوں کے جسم میں خون کا صرف ایک ایک قطرہ تھا۔

شہنشاہ : تمھیں کیسے معلوم ہے؟

فریادی : سارا خون نچوڑ کر میں نے صرف ایک ایک قطرہ باقی چھوڑ دیا تھا کہ ان میں زندگی کی رمق باقی رہے۔

شہنشاہ : مابدولت کی نگاہِ عدل میں خون کے ایک قطرے اور خون کے ایک سمندر میں کوئی فرق نہیں۔ ریڈیو اور اخباروں کے ذریعے سے اعلان کردیا جائے کہ ہم لانڈری والے کیس کا فیصلہ کرنے میں اپنی مثالی غیر جانب داری سے کام لینے کا تہیہ کر چکے ہیں...... ہر چہار اکناف میں اعلان کر دیا جائے کہ مابدولت نے اس سنگین مقدمے کا فیصلہ مرتب کرنے کے لیے ایک کمیشن بٹھا دیا ہے۔

ہیڈ بٹلر : کمیشن؟

ملکہ : کمیشن؟؟

فریادی : کمیشن؟؟

شہنشاہ : ہاں! کمیشن ...... یہ کمیشن ملک کے دو سب سے بڑے دھوبیوں، دو سب سے بڑے ڈرائی کلینزوں اور چھے سب سے بڑے خطاب یافتہ سرکاری منصفوں پر

مشتمل ہوگا۔ ہیڈ بٹلر جس کو ہم نے پہلے 'سر' کا خطاب عنایت کیا تھا اور بعد میں وزیر الفاظ بنا دیا تھا، اس کمیشن کا صدر ہوگا۔

ہیڈ بٹلر : غلام سے اتنا بڑا کام سر انجام نہیں دیا جا سکے گا، یور میجسٹی!

شہنشاہ : مابدولت کو اس کا علم ہے۔ تمھاری صدارت میں تحقیقاتی کمیشن جوں ہی اپنی رپورٹ مرتب کرے گا، عوام کی کامل تسلی و تشفی کے لیے مابدولت اس کمیشن پر ایک اور کمیشن بٹھا دیں گے تا کہ عدل و انصاف کی نگاہ سے کوئی گوشہ، کوئی کونا پوشیدہ نہ رہے۔

ہیڈ بٹلر : عالم پناہ! عوام کی تشفی پھر بھی نہیں ہوگی۔ انکار ان کی سرشت میں داخل ہے۔

شہنشاہ : (فکر مند ہوکر) عوام کی تشفی بہت ضروری ہے ...... سب سے مقدم ہے۔ اس لیے ہم تیسرا کمیشن بٹھائیں گے ...... اب 'ہو الشافی' کہہ کر ہم سب سے پہلے سب سے ضروری کمیشن بٹھاتے ہیں۔ اس کا نام 'شافی کمیشن' ہوگا۔

('عالم پناہ زندہ باد' کے نعروں سے فضا گونج اٹھتی ہے۔)

(پردہ گرتا ہے)

مہنگائی

رونق جمال

کردار : جج | وکیل | دو پولس والے | عوام | کلرک | چند وکلا

منظر : عدالت کا منظر۔ آج مہنگائی پر مقدمہ چلایا جانا ہے۔ جج صاحب انصاف کی کرسی پر براجمان ہے۔ عدالت کے کمرے میں سماج کے ہر طبقے کے لوگ بے چین بیٹھے ہیں۔ وکلا بھی تیار ہیں۔ کمرے میں لوگوں کی چہ میگوئیوں کی وجہ سے بھنبھناہٹ کا ماحول ہے۔ جج صاحب لوگوں کی بے چینی کو دیکھ کر عدالت کی کارروائی شروع کرنے کا حکم دیتے ہیں۔ مہنگائی کو اسپاٹ لائٹ میں دو پولس والے پکڑ کر لاتے ہیں جس کا چہرہ کالا بھدا ہے، دانت بڑے بڑے ہیں۔ کالے رنگ کا ڈھیلا لباس پہنے ہوئے ہے اور دہشت ناک قہقہے لگاتی ہے۔

جج : آرڈر ... آرڈر ! آپ تمام خاموش ہوجائیں۔ عدالت کی کارروائی شروع کی جائے۔

کلرک : جناب ! آج مہنگائی پر مقدمہ چلایا جانا ہے۔

جج : مہنگائی کو عدالت میں حاضر کیا جائے۔

کلرک : مہنگائی عدالت میں حاضر ہو!

(چند پولس والے مہنگائی کو پکڑ کر عدالت میں لاتے ہیں اور عدالت کے کٹھرے میں کھڑا کر دیتے ہیں)

مہنگائی : نمستے ... السلام علیکم ... گڈ مارننگ ... ست سری اکال ... جج صاحب !

جج : اتنے سارے سلام کرنے سے کیا مطلب ہے تمھارا؟

مہنگائی : جج صاحب! میں مہنگائی ہوں ... میرا کوئی مذہب نہیں ہے۔ میرا کسی سماج سے کوئی واسطہ نہیں ہے۔ میں کسی سے کوئی بھید بھاؤ نہیں کرتی ہوں۔ سب سے برابر کا سلوک کرتی ہوں اور جہاں تک میرا خیال ہے آپ جس کرسی پر بیٹھے ہیں وہ کرسی بھی میری ہی طرح ایمان دار، بے باک اور کردار کی صاف ستھری ہے اس لیے میں نے اتنے سارے سلام کیے ہیں۔

جج : ٹھیک ہے ... ٹھیک ہے۔ مقدمے کی کارروائی شروع کی جائے۔

وکیل : جج صاحب! مہنگائی پر الزام ہے کہ یہ جنگل کی آگ کی مانند ساری دنیا میں پھیلتی جارہی ہے اور نے غریبوں کے ساتھ ساتھ سماج کے ہر طبقے کا جینا مشکل کر دیا ہے۔ یہ بِن بلائے مہمان کی طرح ہر گھر میں گھسی چلی جارہی ہے اور ایک خطرناک وبا کی طرح ہر کسی کو دبوچ رہی ہے۔ اِس مہنگائی سے ساری دنیا پریشان ہے، جج صاحب!

مہنگائی : جج صاحب! مجھ پر یہ تمام الزامات بالکل بے بنیاد اور غلط ہیں۔ میں بِن بلائے کہیں نہیں جاتی اور نہ ہی زبردستی کہیں گھستی ہوں۔ مجھے خطرناک وبا کہنا، بیماری اور آگ کہنا میری بے عزّتی ہے، جج صاحب! بالکل اسی طرح جیسے آپ کو کوئی ظالم اور جلّاد کہے۔

وکیل : دیکھیے جج صاحب ... اس کی ہمت دیکھیے! یہ عدالت اور آپ کی یعنی دونوں کی توہین کر رہی ہے۔

مہنگائی : جج صاحب! آزادی میرا حق اور سچ کہنا میرا فرض ہے اور میں نے بھری عدالت میں اپنے حق اور فرض کا استعمال کیا ہے۔ کیا یہ جرم ہے؟

جج : نہیں ... بالکل نہیں۔ وکیل صاحب! مقدمے کو آگے بڑھائیے۔

وکیل : یہ مہنگائی نہایت بے رحم ہے جج صاحب۔ اس سے ملک کو نجات ملنی ہی چاہیے۔ اس لیے آپ اسے ملک بدر کرنے کا حکم سنا کر ملک کے ہر طبقے کے افراد کو

سکون سے جینے کا حق دے دیں۔

مہنگائی : (وکیل کو منہ چڑاتے ہوئے) ''ملک بدر کرنے کا حکم سنا دیجیے۔'' تمھارے گھر کی کھیتی ہے؟ مجھے ملک بدر کرنے کی قوت تمھارے ملک کے قانون اور حکومت میں نہیں ہے، سمجھے؟ میں مہنگائی ہوں مہنگائی!

وکیل : اِتنا غرور اچھا نہیں ہے، سمجھی؟

مہنگائی : میں سب کچھ اچھی طرح سمجھتی ہوں اور سب کچھ جانتی بھی ہوں، سمجھے؟ میرا منہ مت کھلواؤ ورنہ...

وکیل : جج صاحب! یہ مہنگائی ظالم ہونے کے ساتھ ساتھ بدزبان اور مغرور بھی ہے۔ اس نے ہمارے ملک کے غریبوں کی کمر توڑ دی ہے اور درمیانے طبقے کا جینا محال کر دیا ہے اس لیے اسے ہمارے ملک میں رہنے کا کوئی حق نہیں ہے۔

مہنگائی : کون رہنا چاہتا ہے تمھارے ملک میں! آدھے لوگ آدھا پیٹ کھانا کھاتے ہیں، دس فی صد بھوکے ہیں سو جاتے ہیں اور دس فی صد اتنا سا کھاتے ہیں اور اتنا سارا پھینکتے ہیں۔ تمھارے ملک میں کوئی ترتیب ہے نہ نظم وضبط نام کی کوئی چیز ہے اور نہ قانون کا کوئی اتا پتا ہے۔ تم ننگوں بھوکوں پر تو مجھے خود رحم آتا ہے لیکن کیا کروں، تمھارے ملک کے چند لوگوں نے اپنے مفاد کی خاطر یہاں رُکنے پر مجبور کر دیا ہے۔

وکیل : چند لوگوں نے؟... کون ہے وہ چند لوگ؟ عدالت کو ان کے نام اور پتے بتاؤ۔

مہنگائی : کیا بگاڑ لے گی تمھاری عدالت اُن کا۔ تمھارے ملک کا قانون ان کا غلام ہے اور قانون کے رکھوالے ان کے تلوے چاٹتے رہتے ہیں۔

جج : مہنگائی! اپنی اوقات میں رہو۔ یہ ہندوستانی عدالت ہے جس کے چرچے ساری دنیا میں ہوتے ہیں۔ جہانگیر کے انصاف کو تاریخ میں سنہرے الفاظ میں درج کیا گیا ہے... سمجھی؟

مہنگائی : وہ زمانہ گزر گیا جج صاحب جب خلیل خان فاختہ اُڑایا کرتے تھے۔ اب تو وِجے

مالیا ہوائی جہاز اُڑاتے ہیں آپ کے ملک میں ...وہ بھی کروڑوں روپے کے گھاٹے سے!

وکیل : جج صاحب! دیکھیے دیکھیے ... یہ مہنگائی گول مول باتیں کرکے مقدمے کو دوسرا رُخ دینے کی کوشش کر رہی ہے۔ مقدمہ مہنگائی پر چلایا جا رہا ہے... نا کہ وجے مالیا پر۔

جج : مہنگائی! مقدمے کے دوران فالتو باتیں کرکے عدالت کا قیمت وقت برباد مت کرواور ہاں وکیل صاحب...آپ بھی مقدمے پر توجہ دیجیے۔ مقدمہ بہت سنجیدہ ہے۔

وکیل : جج صاحب! میں خود عدالت کا وقت برباد ہوتا نہیں دیکھ پا رہا ہوں۔ میں تو چاہتا ہوں آپ چٹ پٹ فیصلہ سنا کر مہنگائی کو یہاں سے نو دو گیارہ کر دیجیے۔

مہنگائی : مجھے کوئی بھی کہیں سے بھی نو دو گیارہ نہیں کر سکتا۔ حالانکہ میں اپنی مرضی کی مالک و مختار بھی نہیں ہوں۔

وکیل : دوسروں کے رحم و کرم پر جیتی ہو پھر بھی تمھارے تیور نرالے ہیں۔ وہ کون لوگ ہیں جو تم پر رحم و کرم کرتے ہیں اور تم سے اُنھیں کیا فائدہ ہے جو تمھیں منہ لگا رکھا ہے انھوں نے؟

مہنگائی : کیا کروگے جان کر تم اُنھیں؟ اُن کا کوئی کچھ نہیں بگاڑ سکتا!

وکیل : تم ان کے چہروں سے نقاب اُٹھاؤ ... پھر دیکھنا ہمارے ملک کا قانون ان کا کیا حشر کرتا ہے!

مہنگائی : (زوردار قہقہہ لگا کر) ہاہاہا...نہیں وکیل صاحب! ان کا کوئی بھی کچھ نہیں بگاڑ سکتا۔

وکیل : تم باتیں بنانا بند کرو اور اُن ظالموں کے نام بتاؤ! بس!

مہنگائی : ٹھیک ہے وکیل صاحب! تو جاؤ وکیل صاحب، سب سے پہلے اپنے ملک کے بے ایمان رہنماؤں کو ملک بدر کردو۔ جاؤ، جا کر اپنے ملک کے جمع خوروں کو

ملک بدر کردو۔ رشوت خور افسران اور صوبائی و مرکزی وزیروں کو ملک بدر کردو۔ گھوٹالے باز سیاست دانوں کو ملک بدر کردو۔ گردہ چور اور قصائی قسم کے ڈاکٹروں کو ملک بدر کردو... میں خود بخود تمھارا ملک چھوڑ کر چلی جاؤں گی۔ جہاں میری غذا اور عیش و آرام نہیں ہوتا وہاں میں ایک پل بھی نہیں رُکتی۔

(مہنگائی کا بیان سن کر عدالت میں بیٹھے لوگ "بے ایمان رہنما مردہ باد... جمع خور مردہ باد... گردہ چور قصائی ڈاکٹر مردہ باد... گھوٹالے باز سیاست داں مردہ باد" کے نعرے لگانے لگے۔ جج صاحب نے شرم سے سر جھکا لیا۔ سرکاری وکیل اپنے ہی سر کے بال نوچنے لگے اور مہنگائی فلک شگاف قہقہے لگاتے ہوئے عدالت میں رقص کرنے لگی)